KB190473

산사에서 들려주는
불교 우화

산사에서 들려주는 불교우화

글 차평일

쉽고 재미있는 불교우화 75가지

뜻이있는사람들

무릇
진정한 삶이란,
마음을
내려 놓는 것이어야 한다.

지혜의 처세술, 마음의 평화를 얻는 우화

우리나라 사람이라면 누구나 「별주부전」은 잘 알고 있을 것이다. 다른 이름으로는 「토끼전」이라고도 하며, 판소리를 하는 사람들에게는 「수궁가」로도 알려져 있다.

이 이야기를 하는 이유는 바로 「별주부전」이 인도의 자타카, 즉 불교의 본생경에 나오는 용원설화를 모태로 하고 있기 때문이다.

용원설화는 속고 속이는 세태를 동물의 세계에 빗대어 풍자한 교훈적인 내용으로 난관에 빠져도 당황하지 않고 슬기롭게 위기를 극복해낸 원숭이에게서 삶의 지혜와 처세술을 배울 수 있다.

이 책은 수많은 불교 경전 중에서도 특히 재미를 가지고 읽고, 그 안에서 세상사는 도리와 이치를 깨우치게 하며 인간이 나아갈 바를 가르쳐주는 「백유경」을 비롯하여 「화엄경」「잡유비경」「중아함경」「잡아함경」「법구비유경」「육도집경」「근본설일체유부비나야잡사」「대장엄론경」 그

밖에도 많은 경전에서 특히, 재미와 교훈을 주는 내용으로 수록하였다.

분명 독자들은 이 책을 읽다보면 "어? 어디서 본 듯한 내용인데"라든가, "누가 들려준 이야기인가? 어디서 봤을까?"라며 고개를 갸웃할지도 모르겠다.

그것은 우리 한국인에게 불교라는 종교가 결코 낯선 종교가 아니기 때문이다.

그러면 "무슨 소리냐! 나는 다른 종교를 믿는다."라며 따지거나, 나는 종교가 없다고 하는 사람들도 있을 것이다. 하지만 이것은 사실이다. 전해져 내려오는 설화나 동화를 통해서도 알 수 있지만, 많은 시대를 거슬러 올라갈 필요도 없이 현존하는 지명만 보아도 알 수 있다.

서울에 있는 보광동, 미아동, 불광동, 경기도의 안양 등이 그 대표적인 예로 모두 다 불교에 근거하여 생겨난 이름들이다. 그뿐 아니라 전국에 산재해 있는 산의 봉우리의 이름을 보면 더욱 불교의 영향을 알 수 있다. 문수봉, 관음봉, 미륵봉, 비로봉 등등.

이 책은 불교를 전파하고 득도에 이르도록 가르치려는 거대한 목적을 가지고 만들어진 것이 아니다.

여러 가지 험난한 역경을 헤쳐 나가며 살고 있는 현대인들에게 잠깐이라도 지친 심신에 즐거움과 위로를 주고, 서로 어울려야 하는 공존의 필요성과 나눔의 행복, 상대방에 대한 배려와 입장의 차이를 통해 마음에 평화를 얻기 바란다.

-차평일

CHAPTER 02 삶의 궁극적인 목표

CHAPTER 03 무소유

CHAPTER 1

인연
이야기

조용한 사람들

어느 보름달이 뜬 밤이었다. 보름달은 여느 때보다 훨씬 더 크고 환하게 빛이 나 사람들의 마음까지도 즐겁게 해주었다. 그리고 궁전에서는 임금님이 신하들과 함께 어떻게 하면 이 밤을 즐겁게 보낼지 회의까지 하고 있었다.

신하 중에 누군가가 오늘처럼 아름다운 보름달이 뜬 밤에는 노래를 부르며 노는 것이 제일 좋다고 말했다. 또 어떤 사람은 보름달이 밝으니 교외로 산책하러 가는 것이 좋을 것이라고 말했다. 그리고 또 어떤 사람은 산책하러 가려면 숲 속에서 수행하는 훌륭한 사람의 가르침을 듣는 것이 제일이라고 말했다. 그 밖에도 온갖 의견이 나왔지만 한 대신만은 처음부터 묵묵히 듣고만 있었다.

"그대는 어째서 아무 말도 하지 않는가?"

임금님이 물었다. 그러자 그 대신은 조용히 입을 열었다.

"지금 우리 집 정원에 부처님이 와 계십니다. 가능하시다면 임금님께서 함께하셨으면 좋을 것 같아서 지금까지 아무 말도 하지 않고 기다리고 있었습니다."

임금님은 이 대신을 가장 신뢰하고 있었기 때문에 당장 그의 의견에 따라 많은 신하를 거느리고 그의 정원으로 갔다. 그곳은 정원이라고 할 수 없을 정도로 매우 넓어 시냇물이 흐르고 숲이 우거진 넓고 훌륭한 곳이었다.

임금님의 행렬이 숲으로 들어가자 달이 나뭇가지에 가려 보이지 않았다. 그리고 점점 숲 깊숙이 들어갈수록 더욱더 고요해졌다. 조용하게 불어오는 바람 소리가 마치 마귀의 숨결처럼 느껴질 정도였다.

"이렇게 으스스한 곳에 부처님이 혼자 계시는가?"

임금님은 기분이 언짢아졌다. 자신이 속아서 이곳까지 온 것만 같았다. 하지만 대신의 대답은 여전히 낮고 조용했다.

"아닙니다, 폐하. 숲 속에는 부처님을 중심으로 천이백오십 명의 제자들이 함께하고 있습니다."

숲 속에 천이백오십 명의 사람이 있다면 조금이라도 목소리가 들리거나 인기척이 나야 했지만, 숲 속은 여전히 정적만이 흐르고 있었다.

"여봐라, 부처님은 어디에 계시는가? 천이백오십 명이나 되는 사람이 있는데 어째서 기침 소리조차 들리지 않는가?"

임금님은 이상하다는 듯이 물었다.

"폐하, 거의 다 왔습니다."

정말로 그랬다. 조금 더 가니 숲 속의 빈 공터에 수많은 제자가 부처님을 중심으로 빙 둘러앉아 꼼짝도 하지 않은 채 명상을 하는 모습이 달

빛에 비쳐 보였다. 너무도 고요하게 누구 하나 눈썹조차 움직이지 않고 있었다.

임금님은 이 모습을 보고 깜짝 놀랐다. 그리고 진심으로 감명을 받아 부처님 앞으로 가서 무릎을 꿇고 앉아 물었다.

"부처님, 저는 일국의 왕으로서 온갖 규율을 정해 백성들을 다스리고 있지만 제가 지배하고 있는 백성들, 아니 제 말이라면 절대로 복종하는 군대조차도 단 한 순간도 이렇게 조용히 시킬 수는 없습니다. 부처님은 어떻게 이런 일이 가능하신가요?"

부처님은 조용히 대답하셨다.

"당신은 사람의 겉모습만 조용히 시키려 했을 뿐 마음을 조용히 시키려 하지 않았기 때문이오."

임금님의 마음속은 자신도 모르게 보름달 빛처럼 고요하고 밝은 빛으로 가득 차기 시작했다. 대신도 임금님 곁에서 조용하게 미소 짓는 얼굴을 보여주었다.

(根本說一切有部毗奈耶破僧事)

근본설일체유부비나야파승사
根本說一切有部毗奈耶破僧事
총 20권으로 되어 있고, 당나라 학승 의정(義淨)이 번역하였다.
이 율은 「근본설일체유부비나야」 가운데서 비구들의 단합과 화목을 깨뜨리는 문제를 서술하고 있다.

두사내

　옛날에 찢어지게 가난한 나라가 있었다. 그곳에는 두 명의 친구가 살고 있었다. 두 사람은 큰 재산을 만들기 위해 그 나라를 벗어나 함께 여행하였다. 한참을 걷다가 두 사람은 아무도 없는 마을을 지나게 되었다. 그곳에는 곳곳에 삼베를 만드는 마가 자연 상태에서 많이 자라고 있었다. 주인이 없는 마였기에 두 사람은 이야기 끝에 짊어질 수 있을 만큼 최대한 짊어지고 집으로 돌아가고 있었다.

　그런데 어찌 된 일인지 돌아가는 길에 수많은 아름다운 조개껍데기와 훌륭한 비단 등이 길거리에 놓여 있는 것이 아닌가. 그리고 이것들 또한 주인이 없는 것 같았다. 다시 조금 더 가보니 역시 주인이 없는 은덩이가 수도 없이 많이 떨어져 있었다. 그럴 때마다 한 친구는 앞에서 짊어졌던 마를 버리고 조개껍데기와 비단을 짊어졌고, 다시 그것들을 버리고 은덩어리로 바꿔서 짊어졌다.

　그렇게 한 사람은 마를 짊어지고, 또 한 사람은 은덩어리를 짊어지고 길을 갔다. 그런데 이번에는 놀랍게도 많은 금괴가 떨어져 있었다. 은덩어리를 짊어지고 있던 친구는 당장 은덩어리를 버리고 금괴를 주워 모으면서 친구를 불렀다.

"이봐, 이번에는 금괴가 잔뜩 떨어져 있어. 게다가 이번에도 주인이 없는 것 같으니 그런 싸구려 마는 버려버려. 둘이서 값비싼 금괴를 최대한 많이 짊어지고 돌아가자고. 그럼 우리는 집에 돌아가자마자 부자가 되는 거야."

하지만 마를 짊어진 친구는 여전히 금괴를 주울 생각이 없었다.

"나는 마를 튼튼하게 묶어 짊어지고 있어서 그렇게 쉽게 등에서 내려놓을 수가 없네. 게다가 힘들게 여기까지 짊어지고 온 걸 생각하면 이제 와서 버리고 싶지가 않아."

(中阿含經)

중아함경 中阿含經
총 60권으로 18품 222개의 작은 경으로 이루어져 있으며 인도의 학승 구담 승가제바(瞿曇僧伽提婆 중국 이름은 중천(衆天))가 번역하였다.
「장아함경」「증일아함경」「잡아함경」과 함께 원시불교의 교리를 설법한 네 가지 아함경 중의 하나로 4제, 12인연 등을 비롯한 주요 교리와 부처님의 인연담 그리고 그의 제자들이 닦은 불도 수행의 여러 가지를 서술하고 있다.

나팔소리

나팔을 아주 잘 부는 사람이 있었다. 그런데 저 멀리 어느 나라 사람들은 지금까지 나팔 소리를 들은 적이 없는 것은 물론이고 나팔을 본 적도 없었다. 나팔을 잘 부는 이 사람은 이곳저곳을 여행하다가 이 나라에 와서 높은 산에 올라가 있는 힘껏 나팔을 불었다. 이 나라 사람들은 처음 듣는 아름다운 음색에 귀를 기울인 채 서로 얼굴을 마주하고 이야기를 나누었다.

"정말 아름다운 소리야. 우리 저 소리를 따라가 보자고."

사람들은 줄지어 소리가 나는 방향을 따라가서 산 위에 있는 사내를 발견하고는 그의 주변으로 모여들었다. 그리고 그중에 한 사람이 사내에게 물었다.

"이 산 위에서 정말로 아름다운 소리가 들려왔는데, 그게 대체 무슨 소리였나요?"

그러자 그는 손에 들고 있던 나팔을 땅에 던져 보여주면서 말했다.

"이겁니다. 나팔이라고 하는 건데, 여러분이 들은 소리는 바로 여기서 나온 소리입니다."

사람들은 신기한 듯이 나팔을 발로 차면서 소리쳤다.

"나팔아, 소리를 내 봐라!"

하지만 나팔은 아무 소리도 내지 않았다.

이 모습을 지켜보던 나팔을 잘 부는 사내는 발길질을 당해 더러워진 나팔을 주워들어 물로 씻어낸 뒤 입에 대고 있는 힘껏 불었다. 그러자 이번에는 아름다운 소리가 주변에 크게 울려 퍼졌다.

"나팔이 소리를 낸다고 해서 나팔이 뭔가를 말하는 것이 아닙니다. 제가 이렇게 손에 쥐고 입으로 불었기 때문에 소리가 나오는 것이지요."

"정말 신기해. 손과 물과 입으로 바람을 불어넣기만 하면 이렇게 아름다운 소리가 나다니."

사람들은 서로 감탄사를 연발하였다.

(長阿含經)

장아함경 長阿含經

총 22권 30경으로 이루어졌으며, 인도의 학승 불타야사(佛陀耶舍 중국 이름 각명(覺名))와 축불념(竺佛念)이 함께 번역하였다. 경전의 길이가 긴 경전을 모은 것이라 하여 「장아함경」이라 한다.

21

거문고 소리

임금님은 어느 날, 아름다운 거문고 소리를 들었다. 임금님은 그 아름다운 음색에 매료되어 신하들에게 물었다.

"저 아름다운 소리는 무슨 소리인가?"

"네, 저것은 거문고 소리입니다."

신하들은 공손하게 아뢰었다. 임금님은 그 소리가 너무도 마음에 들었다.

"서 거문고 소리를 가져오너라."

신하들은 임금님의 명령에 따라 당장 거문고를 가지고 와서 임금님께 바치고 아뢰었다.

"이것이 거문고라고 하는 것입니다. 여기서 아름다운 소리가 나는 것입니다."

임금님은 신하의 말이 끝나기도 전에 말을 끊고 말했다.

"나는 거문고를 가져오라고 하지 않았다. 좀 전에 들었던 아름다운 소리를 가져오라고 명하였다."

신하들은 임금님께 다시 이런저런 설명을 하였다.

"폐하, 이걸 봐 주십시오. 이렇게 거문고에는 온갖 장치가 있습니다. 이것이 손잡이고, 이것이 몸통이고, 이곳이 기러기발이고, 이것이 현입니다. 이 장치들 덕분에 연주하면 아름다운 소리가 울리는 것입니다. 이 모든 것 중에 하나라도 빠지면 소리가 나지 않습니다. 폐하께서 좀 전에 들으신 소리는 이미 사라지고 없으므로 그 소리를 가져올 수는 없습니다."

임금님은 전혀 만족할 수가 없었다.

"이런 가짜는 필요 없다. 나는 거문고 소리를 가져오라고 명령하였느니라. 이따위 것은 부숴버려라."

(雜阿含經)

잡아함경 雜阿含經
총 50권 1362경으로 이루어졌으며 인도의 구나발타라(求那跋陀羅)가 번역하였다.
다른 아함경에 들어 있지 않은 경전들을 모아놓은 것으로서, 가장 원시적인 경전의 모습을 띠고 있다.
이 경전은 고공, 무상, 무아, 팔정도에 관한 교리를 아주 간단한 형태로 서술하여, 부처님과 여러 제자들의 인간적인 아주 소박한 모습과 불교 사상의 원초적인 모습을 볼 수 있다.

꽃은 바람을 거역해서
향기를 낼 수 없으나
선하고 어진 사람이 풍기는 향기는
바람을 거역하여 사방으로 퍼진다.

사자와 개

어느 마을에 한 고행자가 살고 있었다. 이 고행자는 한여름인데도 주변에 산더미처럼 장작더미를 쌓아 불을 지피고 이글거리는 불길 속에 서 있었다. 하지만 뜨거운 여름 태양이 작열하는 아래의 불 속에 있었기 때문에 이마에는 구슬 같은 땀이 맺혀 있었고, 가슴과 겨드랑이 아래에서는 폭포처럼 땀이 흘렀으며, 목은 타는 듯했고, 입술과 혀는 바싹 말라 침조차 나오지 않을 정도였다.

때마침 스님 한 명이 지나가다 이 광경을 보고 그에게 말을 걸었다.

"당신은 태워야 할 것은 태우지 않고 태우지 않아도 될 것을 함부로 태우고 있군요."

이 말을 들은 고행자는 화가 단단히 나서 스님에게 소리쳤다.

"이 돌중이 무슨 소리를 하는 거야? 그러면 무엇을 태워야 한단 말이냐?"

그러자 스님은 빙긋이 웃으면서 조용히 대답했다.

"태워야 할 것은 당신 마음속에 있는 화입니다. 혹시 화를 태워버릴 수 있다면 진정한 수행이라 할 수 있을 것입니다. 소가 끄는 마차가 앞으로 가지 않을 때는 소에게 채찍질하는 게 마땅합니다. 아무리 마차를 많이 때려봐야 소용이 없는 일이죠. 육체는 마차와 같은 것입니다. 그리고 마음은 소와 같죠. 그러니 당신은 마음에 채찍질하고 마음을 태워야 하지, 육체를 고통스럽게 하는 것은 아무런 도움도 되지 않는다는 것을 깨달아야 하지 않을까요?

예를 들어, 사람이 활과 화살로 사자를 쐈다고 합시다. 사자는 곧바로 궁수에게로 달려들 것입니다. 그런데 개에게 기왓장이나 돌을 던지면 그 개는 던진 사람은 전혀 쳐다보지도 않고 자신을 때린 기왓장이나 돌에 달려듭니다. 사자는 원천을 알고 있는 것입니다. 하지만 어리석은 개는 마치 당신처럼 함부로 육체를 태우며 인간의 모든 행위의 원천인 '마음'의 수행을 하려 하지 않지요."

(大莊嚴論經)

대장엄론경 大莊嚴論經
인도의 논사 마명(馬鳴)이 지은 것을 학승 구마라집(鳩摩羅什)이 번역하였다.
총 15권으로 되었으며, 산문과 운문을 배합하여 쓴 70가지의 이야기와 20가지의 비유들을 통해 부처와 불탑을 숭배하고 대승보살의 불도를 닦으면 큰 복을 누리게 된다는 것을 설법하고 있다.

재를 먹다

  옛날 어느 나라의 대신이 죽었을 때, 하나밖에 없는 그의 아들은 아직 어린 소년이었기 때문에 재산을 물려받지 못하여, 청년이 되었을 때는 가난뱅이가 되고 말았다.

  청년은 성장하면서 여러 가지 일을 배웠다. 하지만 가난뱅이 상태는 변함이 없었다. 어느 날 청년은 생각했다.

  "이렇게 가난하게 살아서는 아무것도 할 수 없어. 나는 대신의 아들로 대어났기 때문에 비천한 일은 할 수도 없고, 그렇다고 해서 대신의 아들에 어울리는 일을 하기에는 너무나도 가난해. 하지만 두고 보라고. 나는 아주 많은 일을 배웠어. 그런 내 머리와 가슴으로 못할 일이 없잖아. 나는 뭔가 두려워하고 있어서 큰일을 못하고 있는 거야. 좋아, 큰 맘 먹고 뭐든지 해보자."

  이렇게 생각한 청년은 엉뚱한 생각을 하고 말았다. 그것은 바로 남의 재산을 훔치는 것이었다. 그것도 평범한 집을 훔친다면 경제적으로 힘들어할 테니 조금 없어진다 하더라도 불편하지 않을 집을 털어야겠다, 어차피 훔치는 거 임금님의 재물을 훔쳐야겠다는 대담한 생각을 한 것이다.

그리고 어느 날 밤, 청년은 드디어 임금님의 궁전으로 숨어들어 가 임금님의 재물을 훔쳐내려 했다. 임금님은 잠에서 깨어 도둑이 들었다는 것을 눈치챘지만 상당한 겁쟁이였기 때문에 찍소리도 내지 못했다.

그런데 도둑은 배가 너무 고팠다. 임금님의 베게 맡을 보니 물을 넣어 둔 물병이 있었다. 그리고 그 옆에는 무슨 일인지 뭔가를 태운 재가 접시에 가득 쌓여 있었다. 도둑은 이것이 틀림없이 미숫가루거나 설탕 같은 가루라고 여기고 물병에 타서 마셔버렸다. 처음에는 배가 고파서 아무 생각도 하지 않고 꿀꺽꿀꺽 마셨지만 조금 지나보니 왠지 이상한 맛이 났다. 자세히 살펴본 도둑은 그것이 재라는 것을 알았다. 정말이지 큰일 날 것을 마셔버린 것이다. 하지만 덕분에 어느 정도 배가 불렀다. 그러자 청년은 이렇게 생각했다.

"뭐야, 재미있군. 재를 먹어도 배가 부르잖아. 그럼 풀을 먹어도 살 수가 있다는 말이군. 풀을 먹고 살 수 있다면 굳이 도둑질할 필요가 없지. 도둑질은 대신의 아들로서 칭찬받을 일은 아니니까."

청년은 손에든 보물을 그대로 내려놓고 나가려고 하였다. 임금님은 이 희한한 광경을 부들부들 떨면서 보고 있다가 안심이 되었는지 겨우 목소리를 낼 수 있었다.

"이보게, 자네는 도둑이 아닌가? 어째서 아무것도 가져가지 않는 건가?"

그러자 청년은 모든 것을 솔직하게 털어놓았다. 임금님은 청년의 천성과 생각이 매우 마음에 들어 그를 대신으로 삼았다.

(大莊嚴論經)

임금님의 재판

어느 마을에 두 명의 농부가 살고 있었다. 그리고 그들과 가까운 곳의 작은 오두막에는 한 수행자가 살고 있었다. 두 농부는 언제나 논밭 때문에 서로를 증오하다가 어느 날 결국 치고, 박고, 걷어차는 큰 싸움을 벌이게 되었다. 아무리 싸워도 결론이 나지 않자 두 사람은 임금님을 찾아갔다. 임금님은 두 사람의 얼굴을 살펴보고 이렇게 물었다.

"너희 싸움에 대하여 증인을 서 줄 사람이 있느냐?"

두 사람은 당장 오두막으로 달려가 수행자를 데려왔다. 임금님은 수행자에게 물었다.

"이 싸움은 누구 때문에 시작되었는지 아느냐?"

그러자 수행자는 잠시 생각에 잠겼다가 이렇게 말했다.

"임금님, 임금님이 훌륭한 임금님으로서 이 싸움을 재판하신다면 제가 증인을 서겠지만, 만약 그렇지 않다면 증인이 되기를 거절하고 싶습니다."

임금님은 가슴을 활짝 펴고 대답했다.

"물론, 나는 훌륭한 임금으로서 차별 없이 올바른 재판을 할 생각이다."

그러자 수행자는 차분하고 조용한 목소리로 임금님께 말했다.

"임금님, 이 농부가 저 농부에게 화가 나 있었고, 또한 저 농부도 이 농부를 증오하고 있었습니다. 이 농부가 저 농부를 때리자, 저 농부도 이 농부를 때렸습니다."

"그래? 그럼 두 사람 모두에게 벌을 내려야 하겠군."

수행자는 다시 조용한 목소리로 말했다.

"임금님, 저는 좀 전에 임금님께 분명하게 말씀드렸습니다. 훌륭하게 재판을 해주신다면 증인을 서겠지만 그렇지 않다면 거절하겠다고 말입니다."

그러자 임금님은 훌륭한 재판이 어떤 것이냐고 수행자에게 다시 물었다. 수행자는 이전보다 더 조용한 목소리로 천천히 대답하였다.

"임금님, 훌륭한 재판이란 무익한 것을 배제하고 유익한 쪽으로 향하게 하는 것입니다."

임금님은 수행자가 한 말이 무슨 뜻인지 금방 알아차렸다.

"그래, 너희는 당장 돌아가서 밭을 일구도록 해라. 그리고 두 번 다시 이런 일로 나를 찾아와서는 안 되느니라!"

(根本說一切有部毘奈耶雜事)

근본설일체유부비나야잡사 根本說一切有部毘奈耶雜事
모두 40권으로 되어있으며 당나라의 학승 의정(義淨)이 번역하였다. 다른 율전(律典)에서는 찾아보기 어려울 정도의 극히 말단적인 계율조목들을 열거하고, 그 제정 동기와 그것을 잘 지킨 불제자들의 이야기를 싣고 있다.

산적과 소녀

옛날 한 시골 마을에 예쁜 소녀가 살고 있었다.

어느 날 밤, 이 마을에 산적들이 몰려와 제일 먼저 이 소녀의 집에 쳐들어왔다. 그리고 소녀를 위협하려던 순간 산적 두목이 갑자기 소리쳤다.

"어이! 물 좀 가져와!"

소녀는 빙긋이 웃었다.

"잠시만 기다려 주세요."

소녀는 이렇게 말하고는 서둘러 등불에 불을 붙이고 컵에 물을 따르고 한참을 컵 속의 물을 바라보았다. 산적 두목은 짜증을 내며 다시 소리쳤다.

"뭘 꾸물거리고 있는 거야?"

소녀는 대답했다.

"물을 보고 있었어요."

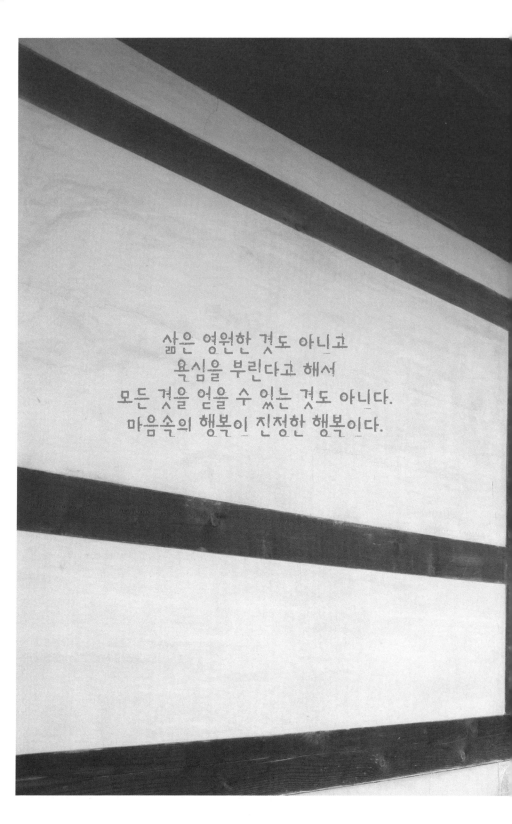

삶은 영원한 것도 아니고
욕심을 부린다고 해서
모든 것을 얻을 수 있는 것도 아니다.
마음속의 행복이 진정한 행복이다.

"물은 왜 쳐다보고 있는 거냐?"

산적이 묻자 소녀는 조용히 대답했다.

"이 물속에 풀이나 머리카락이 빠져있으면 실례일 것 같아서요."

산적 두목은 놀란 표정을 지으며 물었다.

"우리는 산적이다. 너희 마을을 쑥대밭으로 만들고 있는 산적이라고. 그런 우리에게 왜 그렇게 조심을 하는 거냐?"

소녀는 다시 조용히 대답했다.

"당신들이 남의 재산을 빼앗는 건 당연한 일 아닌가요? 그건 산적의 일이고 제가 할 일은 아닙니다. 저는 지금 물을 드려야 하는데, 만약 이 물이 더럽다면 제가 할 일을 제대로 해내지 못한 것으로 생각해요."

그렇게 물이 깨끗한 것을 확인한 뒤 산적 두목에게 물컵을 내밀었다. 두목은 그 물을 마시면서 왠지 모를 쾌감에 젖었다.

"너 정말 착하구나. 내 여동생처럼 귀여워. 늘 그런 마음가짐으로 살기 바란다."

소녀는 빙긋이 웃으며 다시 조용히 대답했다.

"그렇고 말고요. 지금 두목님은 저를 누이동생 같다고 말씀하셨지요? 그렇다면 동생으로서 한 말씀 드려도 될까요?"

그리고 잠시 숨을 돌린 후 다시 말을 이어갔다.

"두목님은 이렇게 남의 물건을 빼앗다가 독화살을 맞아 죽을 수도 있겠네요? 만약 제 오빠가 그렇게 죽었다는 말을 듣는다면 저는 정말 슬플 거예요. 저를 여동생처럼 생각하신다면 제발 저를 슬프게 하지 말아주세요."

소녀의 진심 어린 말에 산적 두목과 그의 부하들은 아무런 말도 하지 못하고, 그저 소녀의 얼굴만 바라보았다. 그리고 조용히 고개를 끄덕인 뒤 아무것도 훔치지 않고 돌아갔다. 그날 밤, 이 마을에서 산적의 공격을 받은 집은 단 한 곳도 없었다. 그리고 그날 밤 이후로 산적들의 모습은 이 마을은 물론 그 주변에서도 볼 수 없었다.

(根本說一切有部毘奈耶雜事)

사랑의 포로

    활 솜씨 뿐만 아니라 무예에도 뛰어난 한 무사가 산속 오지에 살고 있었다. 그에게는 아름다운 딸이 하나 있었는데, 이 무사는 자신의 귀여운 딸이 훌륭한 남편을 맞이하기를 바라고 있었다. 그리고 자신과 마찬가지로 무예가 뛰어난 사위였으면 좋겠다고 생각했다.

    마침 이때 두 명의 젊은이가 무예를 연마하기 위하여 멀리서 이 산속 깊은 곳까지 무사를 찾아왔다. 무사는 두 젊은이를 제자로 받아들여 무술을 연마시켰는데, 그중에 한 명은 마치 천재처럼 그 실력이 눈에 띄게 실력이 향상되어 다섯 종류의 무예에 대하여 모두 통달하게 되었다. 하지만 이와 반대로 나머지 제자는 정말로 열심히 했지만 딱 한 가지 무예밖에 연마하지 못한 느림보였다.

    무사는 당연히 무예가 뛰어난 젊은이를 자신의 딸과 결혼시켰다. 속으로 스승의 딸을 연모하고 있었던 느림보는 자신의 실력은 생각하지도 않고 너무나 억울해했다. 억울함은 점차 커져서 증오심이 되었고, 결국 언젠가 복수하리라 다짐을 하면서 스승의 집에서 도망을 쳤다. 그리고 산적이 되어 그들의 두목이 된 뒤 복수할 때만 기다리고 있었다.

한편 아름다운 아내를 얻은 젊은이는 상대가 자신을 노리고 있다는 것은 꿈조차 꾸지 못하고, 아내와 둘이 마차를 타고 산적들이 사는 산길을 지나게 되었다. 그런데 이 길을 조금 먼저 가던 큰 상단의 일행이 산길 중간쯤 가자 발길을 멈추었다. 젊은이는 상인들에게 발길을 멈춘 이유를 물었다.

"여러분, 왜 이런 곳에서 멈춰 서십니까?"

"우리도 서둘러 가고 싶은데 저 앞에는 산적들이 있어서 발길이 떨어지지 않습니다."

"이런, 산적 따위는 무서워할 필요가 없습니다. 어서 서둘러 가주십시오."

"그럼 당신이 앞장서서 가주세요. 그러면 우리가 뒤따라가겠습니다."

"그래요? 그럼 제가 앞장을 서지요."

젊은이는 다섯 가지 무예를 통달한 실력자였기 때문에 산적 따위는 전혀 두려워하지 않고 다시 마차에 올라타 아내와 함께 산길을 계속 갔다.

나무 위에 올라가 행인이 지나가는 것을 감시하고 있던 산적들은 마차를 타고 오는 두 젊은 남녀를 보고 기뻐했다.

"두목님, 좋은 사냥감이 저쪽에서 오고 있습니다."

"좋아, 그럼 앞으로 나가서 놀라게 해 주거라."

두목의 명령에 부하들은 당장에 젊은 부부가 타고 있는 마차 앞을 가로막고 빙 둘러섰다.

"이봐, 너희들. 여기가 어딘 줄 알아? 돈과 옷 보따리를 전부 내놔라! 안 그러면 어떻게 되는 줄 알지? 자아, 알았으면 돈을 내놔!"

하지만 젊은이는 무예 실력자였기 때문에 그런 협박에 조금도 겁을 먹지 않고 오히려 산적들에게 호통을 쳤다.

"보아하니 네놈들은 산적인가 보구나! 그딴 협박에 겁먹을 내가 아니다. 뜨거운 맛을 보는 건 네놈들일 테니 얼쩡거리지 말고 썩 꺼져라!"

젊은이의 패기 있는 모습에 놀란 산적들은 서로 얼굴만 쳐다보다가 뭔가 심상치 않다고 여기고 당장 두목에게 알려 도움을 청하였다.

두목은 부하 중에서 가장 강한 다섯 명의 부하를 보내 젊은이를 협박했지만, 젊은이는 조금도 두려워하지 않고 오히려 다섯 명의 산적을 모두 베어 죽여 버렸다.

다섯 명의 산적이 모두 당하자 이번에는 열 명을 다시 보냈지만, 이들도 젊은이의 칼에 쓰러져버렸고, 그들의 뒤를 이어 나타난 산적들도 모두 죽고 말았다.

이제 남은 것은 산적 두목뿐이었다. 하지만 젊은이의 칼은 이미 부러져버렸고 이제 남은 것은 활과 화살뿐이었다. 두목은 날카로운 칼을 휘두르며 옛 친구에게 달려들려 하였다. 젊은이도 곧바로 화살을 쏘았다. 화살은 두목의 몸에 명중하는 듯싶었으나 과연 두목은 달랐다. 칼을 휘둘러 화살을 막아냈다. 젊은이에게 자신을 지켜줄 것이라고는 화살뿐이었기 때문에 계속해서 화살을 쐈다. 하지만 두목도 계속해서 화살을 막아냈다.

이제 젊은이의 손에는 단 한 발의 화살밖에 남아있지 않았다. 젊은이는 이 화살을 활에 먹인 채 한참을 꼼짝도 하지 않았다. 이제 이 한 발의 화살이 승부를 결정지을 마지막이었기 때문이다.

곁에서 이 모습을 지켜보던 젊은 아내는 갑자기 남편이 화살을 쏘지 않자 걱정스럽게 물었다.

"왜 그러세요? 왜 화살을 쏘지 않는 거예요?"

"음, 우리 두 사람의 운명이 이 화살 한 발에 달렸어. 이 화살을 막아 버리면 더는 우리를 지켜줄 수 있는 게 아무것도 없어. 처참하게 저놈에게 살해당하고 말 거야. 이 화살이 최후의 방어수단이야."

이 말을 들은 젊은 아내는 갑자기 벌떡 일어서서 산적을 향해 아름다운 춤을 추기 시작했다. 너무도 사랑했던 옛 연인의 아름다운 춤사위를 본 산적 두목의 마음에는 동요가 일기 시작했다. 그 순간을 놓치지 않은 젊은이는 마지막 화살을 쐈다. 화살은 가슴에 정확하게 명중을 하였고 두목은 땅바닥에 쓰러졌다.

쓰러진 산적 두목은 숨이 막 끊어지려는 순간 거친 숨을 내쉬면서 들릴 듯 말 듯 이렇게 중얼거렸다.

"내 실력이 부족한 것도 저놈의 화살이 강한 것도 아니야. 사랑했던 연인의 춤사위에 마음이 흔들렸어. 그래서 내가 당한 거야…"

뒷말은 들리지 않았다. 두목은 땅바닥에 축 처진 채로 숨을 거두고 말았다.

(根本說一切有部毗奈耶破僧事)

근본설일체유부비나야파승사 根本說一切有部毗奈耶破僧事
총 20권으로 되어 있고, 당나라 학승 의정(義淨)이 번역하였다.
이 율은 「근본설일체유부비나야」 가운데서 비구들의 단합과 화목을 깨뜨리는 문제를 서술하고 있다.

41

고양이의 좌선

어느 마을에 나이가 많이 먹은 고양이가 있었다. 기력이 떨어진 이 고양이는 옛날처럼 재빨리 쥐를 잡을 수가 없었다.

어떻게 하면 재빨리 움직이지 않고 쥐를 잡을까 고민하면서 이리저리 정처 없이 걷다가 우연히 쥐구멍에서 쥐들이 줄지어 나가는 모습을 발견했다.

"이거, 아주 잘 됐군."

고양이는 쥐구멍 앞에 조용히 좌선을 한 채 기다리고 있었다.

"고양이 아저씨, 거기서 뭐 하고 계세요?"

생쥐 한 마리가 물었다.

"나 말이니? 나는 젊어서 너희 친구들을 많이 잡아먹었지. 지금 생각해 보니 너무 많은 죄를 저지르고 말았구나. 그래서 조금이라도 죄를 가볍게 하고 싶어서 마음을 고쳐먹고 이렇게 좌선한 채 수행을 하고 있단다."

쥐들은 이 고양이가 나이도 많고 차분한 데다가 말하는 것까지 그럴 싸했기 때문에 대단하게 여기며, 고양이에게 경의를 표하고 그 주변을 세 번 돈 뒤, 쥐구멍으로 줄지어 들어갔다. 고양이는 마지막에 쥐구멍으로 들어가려는 쥐를 순식간에 잡아먹었다. 물론 쥐들은 그런 줄은 꿈에서조차 상상도 하지 못했다.

매일 이런 일이 반복되었다. 쥐들이 구멍에서 나오면 고양이는 조용히 좌선하고 있었다. 돌아갈 때도 마찬가지였다. 그리고 마지막 한 마리를 순식간에 먹어치웠다. 하지만 이렇게 매일 반복되자 쥐들의 수는 점점 줄어들고 말았다.

쥐의 숫자가 점점 줄어드는 것을 수상하게 여긴 쥐들의 왕이 조사를 시작하였다. 그리고는 고양이를 의심하게 되었다. 최근 들어 이 늙은 고양이는 기운이 넘쳐 보였고, 또 고양이의 똥에서 쥐 털까지 발견되었다. 깜짝 놀란 쥐들은 고양이의 동태를 자세히 살펴보니 앞에서 말했던 것과 같았다. 쥐들은 다시 이전처럼 고양이를 경계하게 되었다.

(根本說一切有部毗奈耶破僧事)

임금님과 파락호

어느 날 임금님이 사냥을 나가게 되었다.

가는 도중에 훌륭한 위인을 모신 묘지가 있었다. 임금님은 지나던 길에 그 무덤 앞에 서서 금화 한 닢을 기부했다. 금화 한 닢은 임금님에게는 별거 아닌 적은 돈이었다.

그런데 이 무덤 옆에 있던 신분이 천한 사내가 가부좌를 틀고 앉아 있다가 임금님의 행동을 보고 큰소리로 외쳤다.

"오, 정말 대단하군."

임금님은 화가 단단히 났다. 기부한 돈이 너무 적어서 이런 미천한 녀석에게까지 비웃음을 산다고 생각했기 때문이었다. 임금님은 신하를 시켜 천한 사내를 불러놓고 말했다.

"네놈은 누구냐? 짐을 구두쇠라 여기고 그런 소릴 지껄였겠다!"

천한 사내는 이해할 수 없다는 듯이 고개를 저으며 말했다.

"폐하, 그럴 리가 있겠습니까. 폐하의 기부는 정말로 대단하십니다."

"이놈이 점점 더하는구나!"

"아니옵니다. 정말입니다. 저는 이전에 산적질을 한 적이 있었습니다. 그때 저는 한 사내를 붙잡았는데, 그 사내가 갑자기 손을 꽉 쥐었습니다. 저는 틀림없이 그 사내의 손아귀에 보물이 있을 것이라고 여기고 손아귀를 펴려고 했지만 실패하고 말았습니다. 결국, 칼을 뽑아들고 싸우다가 그 사내를 죽이고 말았습니다. 그리고 손을 펼쳐보니 겨우 동전 한 닢뿐이었습니다. 동전 한 닢 때문에 목숨을 아끼지 않을 정도인데, 폐하께서는 누가 돈을 내라고 한 것도 아닌데 금화를 던져주셨습니다. 이게 놀랄 일이 아니고 무엇이겠습니까?"

임금님과 파락호는 각자 서로 다른 마음으로 세상에는 정말 이상한 사람이 많다고 여기면서 헤어졌다.

(大莊嚴論經)

미인의 그림자

옛날에 매우 아름다운 부자의 아내가 있었다.

어느 날 이 미인은 친구의 집에 초대를 받아 정원을 거닐다가 우연히 큰 나무가 연못가에 서 있는 것을 보고 나무에 올라가 보았다. 왜냐하면, 높은 곳에서 누구의 방해도 받지 않고 쉬고 싶었기 때문이었다. 한참을 올라가서 굵은 나뭇가지에 앉아 아래를 내려다보니 나무 아래의 투명한 연못이 그녀의 얼굴을 생생하게 비추고 있었다.

마침 그곳에 하녀 한 명이 커다란 항아리를 이고 물을 뜨러 왔다가 물속에 비친 얼굴이 자신이라고 착각을 하였다.

"아아, 내가 이렇게 아름다운 얼굴을 하고 있었구나. 어느 부잣집 부인이 되어도 손색이 없겠어. 이렇게 아름다운 얼굴을 하고 남의 집 하녀로 물이나 뜨고 다닐 수야 없지."

하녀는 이렇게 중얼거리고 이고 있던 항아리를 바위에 던져 산산조각을 내고 의기양양하게 집으로 돌아갔다. 그리고 주인을 향해 이렇게 말했다.

"어째서 지금까지 제게 박복해 보인다거나 호박이라고 바보취급을 하면서 부려 먹었나요? 남들은 제 얼굴을 보고 어디 사는 부인이냐고 물어요. 이제 절대 힘들게 물을 뜨러 다니지 않을 거예요. 오늘부로 일을 그만두겠어요. 그동안 신세 많이 졌습니다."

주인은 하녀의 머리가 어떻게 된 게 아닌가 생각하고 하녀의 얼굴을 뚫어져라 쳐다봤지만, 꾹 참고 새 항아리를 이어주며 물을 다시 떠 오라고 보냈다.

하녀는 하는 수 없이 다시 연못으로 가보니 자신의 모습이 여전히 아름답게 비추고 있었다.

"역시 나는 이렇게 아름다워."

더는 이 일을 할 수 없다고 생각한 하녀는 다시 항아리를 깨뜨려버렸다. 조금 전부터 이 모습을 나무 위에서 내려다보던 미인은 더 이상 참을 수가 없어 킥킥거리며 웃었다. 그러자 연못 속의 미인도 따라 웃었다. 하녀는 그제야 이상하다는 것을 깨닫고 나무 위를 올려다보니 그곳에는 아름다운 미인이 웃고 있었다. 그리고 물속을 자세히 들여다보니 물속의 미인이 입은 옷이 자신의 누더기가 아니라 나무 위 미인의 것이라는 것을 깨닫고 깜짝 놀라며 얼굴을 붉힌 채 황급히 부엌으로 도망쳐 버렸다.

(大莊嚴論經)

생명을 존중하고 사랑하라.
인간은 자연과 공존하는
겸손한 자세로
자신을 반성하고 살아야 한다.

고양이 밥

새끼 고양이가 태어났다. 새끼 고양이는 점점 자라서 혼자 독립을 할 수 있게 되었다.

어느 날, 새끼 고양이가 어미 고양이에게 물었다.

"저는 어떤 걸 잡아먹어야 하나요?"

"내가 가르쳐주지 않아도 사람들이 무얼 잡아먹어야 하는지 가르쳐 줄게다. 걱정하지 말고 한 번 나가 보아라."

그래서 새끼 고양이는 한밤중에 몰래 남의 집으로 숨어들어 가 항아리 사이에 숨었다. 그러자 그 집 주인이 이렇게 말하는 소리가 들렸다.

"거기 치즈, 버터, 우유, 고기에 뚜껑을 덮어라. 그리고 닭과 병아리는 닭장에 넣고 철장이 찢어진 곳은 없는지 잘 살펴라. 고양이가 잡아가면 안 되니까."

(大莊嚴論經)

자유롭지 못한 임금님

어느 나라에 임금님이 죽었지만, 후사를 이을 왕자나 공주가 없었다. 그 때문에 사람들은 덕망이 높은 사람을 새 왕으로 모시기 위해 협의를 하였다. 그리고 산속에서 열심히 수행을 하는 덕망 높은 스님을 억지로 모시고 와서 왕으로 추대하였다.

결국, 스님은 왕이 되었지만, 궁중 생활에 대해서는 아무것도 아는 게 없었다. 임금님은 잠자리를 담당하는 신하가 왔을 때 이렇게 명령하였다.

"내 옷을 가져오너라."

하지만 그 사내는 공손하게 이렇게 말했다.

"저는 폐하의 잠자리 담당이라 옷에 대해서는 아는 것이 없습니다."

그러자 임금님이 다시 이렇게 말했다.

"그럼 식사를 가져다주지 않겠나?"

하지만 신하는 마찬가지로 이렇게 대답했다.

"저는 식사 담당이 아닙니다."

임금님의 궁궐 안에는 각각 담당자가 따로 있어 잠자리 담당, 식사 담당, 옷 담당이 서로의 일을 침해하지 않았다. 새 임금님은 결국 머리를 감싸고 말았다.

(大莊嚴論經)

높은 돌기둥

어느 나라에서 세상에서 가장 훌륭한 돌기둥을 건설하기 위해 명인 한 사람에게 의뢰하였다. 그는 과연 명인답게 매일 열심히 일해서 높고 훌륭하고 당당한 큰 돌기둥을 만들었다. 그리고 오늘은 낙성식이 있는 날이다.

그런데 이게 어떻게 된 일인가! 사람들이 명인을 높은 돌기둥 꼭대기에 내버려 둔 채로 제자도 밧줄도, 도르래와 활차도 모두 치워버렸다. 왜냐하면, 만약에 명인을 살려두면 이 돌기둥보다 더 훌륭하고 높은 돌기둥을 다른 나라에서 만들 수 있기 때문이었다. 그렇게 되면 이 돌기둥은 이제는 세계 제일의 돌기둥이 아니기 때문이었다.

이렇게 명인은 어떻게 손을 쓸 수 없는 높은 돌기둥 꼭대기에 남겨진 채로 모든 것을 하늘에 맡길 수밖에 없었다.

정말 큰일이었다. 이 소식을 전해 들은 명인의 가족들은 어떻게 해서든 그를 구하기 위해 걱정이 태산 같았지만 뾰족한 방법이 없었다. 그래도 어떻게든 해야 했기에 밤이 깊어지기를 기다려 가족들은 돌기둥 아래에 모였다. 그리고 돌기둥 위에 있는 명인에게 말했다.

"어떻게 내려올 방법이 없겠어?"

그는 원래 지혜로운 사람이었다. 아래에서 가족들이 부르는 소리를 듣자마자 곧바로 자신의 옷을 벗어 가늘게 찢은 다음 그것들을 이어 조용히 아래로 내려보냈다. 그리고 가족들에게 가는 천 조각 끝에 일단 가느다란 밧줄을 묶게 하여 끌어올렸다. 이렇게 해서 밧줄 끝이 명인의 손에 닿았습니다. 이번에는 좀 더 굵은 밧줄을 묶게 하였고, 마지막에는 아주 굵은 밧줄을 끌어올려 기둥 꼭대기에 단단히 맨 뒤 밧줄을 타고 내려올 수 있었다.

(大莊嚴論經)

돌아와 보니 부자가 되다

임금님이 병이 들었다. 온 나라의 의사들이 모여 치료를 하였지만, 임금님의 병환은 좀처럼 나아지지 않았다.

그런데 먼 나라에 명의 한 명이 살고 있었다. 신하들은 이 명의에게 와달라고 부탁을 하였다. 초대를 받고 이 나라에 온 명의는 임금님을 진찰하였다. 과연 명의답게 곧바로 치료하여 임금님의 병을 고쳤다. 임금님을 시작으로 모든 사람이 크게 기뻐했다. 임금님은 은혜에 보답하기 위해 신하들에게 명령하여 수많은 금은보화는 물론이고 그를 위해 넓고 훌륭한 저택을 지어주었다. 또한, 의료기기는 물론이고 넓은 전답과 하인들과 가축들을 선물하여 그가 윤택한 삶을 살 수 있도록 준비해 놓았다. 그리고 신하가 돌아오자 임금님은 비로소 의사가 고향으로 돌아가는 것을 허락해 주었다.

의사는 임금님을 위해 온갖 정성을 다 쏟아 좋은 약을 만들고 간호를 해주었지만 아무런 답례가 없기에 씩씩거리며 집으로 돌아갔다.

그런데 집에 가까이 와보니 많은 소들이 들판에서 풀을 뜯고 있는 것이 보였다. 그는 지나가는 사람에게 물었다.

"이렇게 많은 소는 대체 누구의 것인가요?"

지나가던 행인은 친절하고 정중하게 가르쳐 주었다.

"이거요, 모두 다 저기 사는 의사의 것입니다."

마치 여우한테 홀리기라도 한 듯이 집에 돌아와 보니 놀랍게도 자신의 집은 저택이 되어 있었고, 아내 또한 지금까지 보지 못했던 훌륭한 옷을 입고 있었다. 모든 것에 너무나도 놀란 그는 혼자 중얼거렸다.

"이건 우리 집이 아니야. 마치 궁전 같아."

그리고 저택에서 나온 아내에게 물었다.

"대체 이게 어떻게 된 일이야?"

"당신은 아직 아무것도 모르나 보네요. 임금님이 병을 고쳐준 답례로 이렇게 훌륭한 집과 재산을 모두 주셨어요."

의사는 아내의 말을 듣고 그제야 모든 것을 이해할 수 있었다. 그리고 자신이 어리석게도 훌륭한 임금님을 원망한 것을 진심으로 후회했다.

(大莊嚴論經)

낙타의 등

인도의 한 마을에 상인 한 명이 살고 있었다. 그의 집안은 아버지 대까지는 부자였지만 지금은 가난뱅이가 되어 힘겹게 살고 있었기 때문에 친척들도 왕래가 전혀 없었고 이웃들도 그를 바보 취급하면서 경멸의 눈초리로 바라보았다.

이 때문에 상인은 고향을 등지고 대상(隊商)의 무리에 들어가 이스탄불로 가서 막대한 재산을 모아 고향으로 돌아왔다.

이 소식을 전해 들은 친척들은 물론이고 고향 사람 모두가 각자 맛있는 음식과 악단 등을 준비하여 그를 마중 나갔다. 이 사실을 안 상인은 일부러 더러운 옷을 입고 행렬 속에 섞여서 걸어갔다. 친척들은 옛날에 가난했던 소년이 지금은 중년의 부자가 되어 돌아왔기 때문에 아무도 그의 얼굴을 아는 이가 없었다.

"여보세요, 성공해서 돌아오는 분은 어디에 있나요?"

친척들은 행렬의 사람들에게 물었다. 그는 태연하게 이렇게 말했다.

"뒤쪽에서 오십니다."

하지만 아무리 기다려도 부자처럼 보이는 사람이 보이지 않았다. 친척들은 뒤에 있는 사람들에게 다시 물었다.

"큰 성공을 하신 분이 누군가요?"

"아아, 큰 부자가 된 대장 말인가요? 대장은 제일 앞에 계십니다."

친척들은 겨우 그를 찾아내서 불평을 늘어놓았다.

"우리가 일부러 마중까지 왔는데 뒤에서 온다고 속이시다니 대체 왜 그러신 거죠?"

하지만 상인은 얼굴색 하나 변하지 않고 조용하게 대답했다.

"여러분이 만나고 싶어 하는 분은 뒤에 오는 낙타 등 위에 있답니다. 내가 아닙니다. 옛날에 내가 가난했을 때는 쳐다보지 않던 분들이 부탁하지도 않았는데 갑자기 마중을 나온 것은 나를 위한 것이 아니라 내 재산 때문이 아닌가요? 그 재산은 뒤에 오는 낙타 등 위에 쌓여 있습니다."

(大莊嚴論經)

모래성

아이들이 바닷가에 모여서 놀고 있었다. 아이들은 돌과 모래를 쌓아 성을 짓거나 집을 지었다. 그리고 이것은 내 성이야, 이건 내 집이야 라고 말하며 각자의 집을 짓고 서로 손도 못 대게 하였다.

그런데 그중에 한 아이가 실수로 다른 아이의 성을 밟아 모래성이 무너지고 말았다. 무너진 성의 주인은 단단히 화가 나서 실수한 아이의 머리를 붙잡고 주먹을 날리며 크게 소리쳤다.

"이놈이 내 성을 부숴버렸겠다. 모두 와서 이 녀석을 혼내주자!"

아이들은 일제히 달려들어 그 아이를 흠씬 두들겨 패주었다.

"남의 성을 부숴버리다니 못된 놈! 부서진 성을 원래대로 만들어 놓아라. 이제부터 남의 성을 부수는 놈은 이렇게 벌을 주고 각자 자신의 성을 지켜야 해!"

아이들은 이렇게 말하면서 각자 모래성을 만들고 놀았다. 그리고 자신의 성을 소중히 지키며 남이 손도 못 대게 하였다. 하지만 해가 서쪽으로 기울면서 어두워지자 아이들의 마음은 더 이상 모래성에 없었다. 그리운 부모님의 품으로 돌아가기 위해 지금까지 소중하게 여겼던 모래성은 아이들의 작은 발에 밟혀 무너졌고, 아이들은 뒤도 돌아보지 않고 집으로 돌아갔다.

(修行道地經)

 수행도지경 修行道地經
인도의 학승 축법호(竺法護)가 번역하였으며, 총 7권 30품으로 구성된 것으로 세상을 두루 관찰하고 불도를 닦는 여러 가지 불법에 대해 설법하고 있다.

코끼리의 성질

옛날 인도의 임금님이 코끼리 한 마리를 기르고 있었다. 그 코끼리는 활발하고 용감한 코끼리로 전쟁에서는 수많은 적을 짓밟았고, 전쟁이 끝난 뒤에는 죄인까지 코끼리에게 밟아 죽이게 하였다.

하루는 불이 나서 코끼리 집이 다 타버렸기 때문에 코끼리 집을 다른 곳으로 옮겼다. 그런데 그곳에는 가까이에 절이 있었고, 스님이 항상 불경을 외우고 있었다. 불경의 내용에는 이런 말이 있었다.

"선을 행하는 자는 천국으로,

악을 행하는 사람은 연옥으로."

코끼리는 밤낮없이 이 소리를 듣고 크게 감명을 받아 어느샌가 마음이 평온해지면서 차분한 성격이 되었다.

하루는 사형해야 하는 큰 죄를 저지른 죄인 몇 명을 코끼리에게 밟아 죽이게 하려고 죄인들을 코끼리에게 보냈다. 그런데 코끼리는 그저 코로 죄인들의 냄새를 맡기만 하고 휙 돌아가 버렸다. 죄인들이 오는 족족 이렇게 하는 모습을 본 임금님은 황급히 신하들을 불러 모아 물었다.

"이게 대체 어찌 된 영문이냐?"

그러자 신하 한 명이 앞으로 나와 아뢰었다.

"아뢰옵니다. 이 코끼리 집 근처에 절이 하나 있습니다. 그래서 코끼리가 밤낮없이 불경을 들었던 것이 틀림없습니다. 아마 그 때문일 것입니다. 이번에는 도살장 근처로 코끼리를 보내는 것이 좋을 것 같습니다. 그러면 코끼리가 동물들이 죽는 모습을 보고 다시 난폭해 져서 죄인을 밟아 죽일 것입니다."

임금님은 신하의 말에 따라 당장 코끼리를 도살장 근처에 묶어 놓았다. 코끼리는 죽이고 자르고 가죽을 벗기는 잔인한 모습을 보고 다시 원래대로 잔혹하고 맹렬한 성질의 코끼리로 변했다.

(付法藏因緣傳)

 부법장인연전 付法藏因緣傳
인도의 학승 길가야(吉迦夜)와 담요(曇曜)가 공역하였다. 총 6권으로 되었으며, 석가모니가 입멸한 뒤 인도에서 불법이 계승되어 온 차례를 전기 작품의 형식으로 보여주고 있다. 「부법장전(付法藏傳)」이라고도 한다.

방랑자

어린 나이에 아버지를 버리고 가출을 하여 다른 나라로 떠나 행방불명이 된 사내가 한 명 있었다. 그는 타국의 하늘을 떠돌면서 50년의 세월을 보냈다. 세월은 쏜살같이 흘러 그의 나이도 이미 50대 중반을 넘었지만, 그의 생활은 더욱 궁핍해져서 이리저리 떠돌며 먹을 것과 입을 것을 찾아다녀야 했다. 그런데 이렇게 떠도는 사이 이 사내의 발길은 저절로 태어난 고향을 향하고 있었다.

한편, 외아들을 잃은 그의 아버지는 크게 걱정을 하며 사방팔방으로 소년의 행방을 수소문했지만 아무런 소득도 없었다. 하인들은 아무런 단서도 찾지 못한 채 돌아왔다. 이제 더는 어찌할 방법이 없었다. 아버지는 큰 저택에 살면서 혹시라도 아들이 돌아오지 않을까 하는 바람을 품은 채 풍요롭지만 쓸쓸한 세월을 보내고 있었다. 두말할 필요도 없이 이 사람의 재산은 엄청난 것이라 창고에는 금은보화가 가득했고, 수많은 하인에 멀리 외국과도 거래하고 있었기 때문에 수입이 어마어마했다. 한마디로 아버지는 무엇 하나 부족한 것이 없는 엄청난 부자였다. 하지만 아무리 재산이 많고 위세가 당당하다고 하더라도 행방을 알 수 없는 자식을 걱정하는 부모의 마음은 늙어갈수록 더욱 깊어만 갔다. 남에게는 말도하지 못하고 마음속으로 남몰래 눈물을 흘리며 세월만 세고 있었다. 이제 그도 나이가 들어 죽음을 맞이해야 할 때가 점점 다가오고 있었다. 비록 셀 수 없이 많은 재산이 있고 금은보화로 가득 찬 창고가 있더라도 눈을 감을 때가 오면 이 재산들은 모두 흔적도 없이 사라지게 될 것이다. 어리석은 아들은 집을 뛰쳐나가 행방도 모른 채 벌써 50년의 세월이 흘렀다. 아무런 소식도 없기에 어디서 무얼 하고 있는지 알 수는 없지만, 만에 하나라도 아들을 찾아내서 재산을 모두 물려줄 수 있다면 얼마나 안심하고 행복한 노후를 보낼 수 있을까? 그는 마음속으로 이렇게 생각하였다.

떠돌이 아들은 여전히 하루하루 막노동을 하면서 누더기를 입고 이 마을 저 마을, 이 나라 저 나라를 방랑하면서 굶주림과 목마름으로 초췌한 모습에 나쁜 병까지 얻어 떠돌다가 자신도 모르게 아버지의 저택 문 앞까지 이르렀다.

이때 저택의 주인은 훌륭한 의자에 앉아 밖을 내다보고 있었다. 그리고 훌륭한 발 받침대 위에 양다리를 올려놓고 수많은 신사에게 둘러싸여 있었다. 몸에는 진주 장식과 고가의 장식품들이 우아한 빛을 발산하고 있었고, 주변에는 수많은 하인이 백조 깃털의 커다란 부채로 조용하게 상쾌한 바람을 일으키고 있었으며, 주변에는 향수와 아름답고 향기로운 꽃잎이 뿌려져 있었고, 앞에는 많은 보석들이 놓여 있었는데 이 보석들을 수시로 교환하는 별도의 하인들도 아주 많았다. 주인은 그 보석들을 조용히 손으로 집어 들어 사람들에게 나눠주고 있었다.

때마침 이러고 있는 순간에 사내가 문 앞에 서 있었다. 이 광경을 본 사내는 깜짝 놀랐다. 이 집은 자신이 지금까지 봤던 그 어떤 집보다도 훌륭했다. 게다가 저택의 늙은 주인의 당당한 모습과 호화스러운 생활상은 사내에게는 정말로 놀라움 그 자체였다. 사내는 생각했다.

"이 사람은 임금님일지도 몰라. 아니, 설령 임금님이 아니더라도 임금님처럼 훌륭한 분임이 틀림없어."

이런 생각을 하다 보니 사내는 자신이 다리를 부들부들 떨고 있다는 것을 깨달았다.

"어째서 이런 곳에 오게 된 걸까? 여기서는 도저히 내가 일거리를 찾을 수가 없겠어. 너무 오래 지체하다가는 봉변을 당할지도 몰라."

그는 문 앞에 선 것을 후회하며 황급히 벗어나서 다른 일거리를 찾아 좀 더 가난한 마을로 발길을 재촉했다.

하지만 이 가난한 사내가 문 앞에 서 있던 순간부터 주인은 의자에 앉아 이 모습을 지켜보고 있었다. 그리고 황급히 도망치는 사내의 모습을 본 늙은 주인은 마음속으로 생각했다.

"맞아, 저건 내 아들이야. 내 막대한 재산이 드디어 상속자를 찾게 되었어. 나는 50년 동안 아들 걱정을 해왔지만, 지금까지 아들을 볼 수 없었지. 한데 부자지간의 연은 어쩔 수 없는 것이라 지금 갑자기 자식이 눈앞에 나타나 주었다. 드디어 내 소망이 이루어졌어."

늙은 주인은 옆에 있는 하인에게 귓속말로 전하여 서둘러 아들의 뒤를 쫓게 하였다. 하인은 사내를 쫓아가서 그의 손을 붙잡았다.

"이봐, 주인님이 부르시네. 이리 오게."

갑자기 붙잡힌 사내는 놀라며 자신이 죽임을 당할지도 모른다고 생각하고 애원을 했다.

"저는 나쁜 짓을 하지 않았습니다. 제발 살려주세요. 손을 놔주세요."

불쌍한 사내는 숨이 끊어져라 소리쳤다. 그리고 너무 놀란 나머지 공포에 질려 정신을 잃고 땅바닥에 쓰러지고 말았다. 이 모습을 조용히 지켜보던 늙은 주인은 하인에게 조용히 말했다.

"그만 됐다. 이제 그 사내에게 용건이 없다. 억지로 데려오지 않아도 된다. 어서 얼굴에 찬물을 끼얹어 정신을 차리게 하여라. 더는 상대하지 마라."

늙은 아버지는 자식이 오랜 세월 가난에 찌든 생활 때문에 마음이 연약하고 어리석어졌다는 것을 한눈에 꿰뚫어 보았다. 틀림없이 아들이 맞지만 지금 당장에 '내가 네 아버지다.' 라고 말해버리면 믿지 않을 것으로 생각한 것이다.

주인은 하인에게 다시 속삭였다. 하인은 겨우 정신을 차리고 두리번거리고 있는 사내에게 호통을 쳤다.

"이제 정신이 드느냐? 놓아 줄 테니 마음대로 가거라."

사내는 죽었다고 생각했는데 자유로운 몸이 되자 고마운 마음에 안도의 한숨을 내쉬며 일어나 서둘러 자신에게 어울리는 가난한 마을로 가서 다시 하루 벌이 노동을 계속하였다.

늙은 주인은 불쌍한 아들을 어떻게 해서든 곁에 두고 싶어 한 가지 계획을 세웠다. 그리고 키가 작고 애꾸눈에 빼빼 마른 가난뱅이 두 사내를 불러 귓속말을 한 뒤 사내가 있는 마을로 보냈다.

"이보게, 좋은 일자리가 있는데 우리랑 함께할 생각이 없나?"

"일이라는 게 뭔가?"

"응, 우리와 함께 넝마를 줍고 변소 청소를 하는 거야. 자네만 알고 있게. 보수가 다른 일의 두 배나 된다고."

노인의 계획은 훌륭하게 적중했다.

떠돌이 사내는 이런 일이라면 자신에게 어울리고 임금도 두 배라는 말에 혹해서 두 사람을 따라 미리 돈을 받고 청소부가 되었다. 그렇게 매일 아무런 불평도 없이 청소도구를 어깨에 메고 저택 이곳저곳을 청소하였다.

아버지인 늙은 주인은 이렇게까지 망가진 아들의 이야기를 듣고 가여운 생각이 들었다. 몰래 창밖으로 내다보니 아들은 피로에 지쳐 마른 모습에 먼지투성이가 되어 일하고 있었다. 오랜 세월 몸에 밴 생활 탓인지 이런 천한 일을 즐거워하면서 열심히 일하고 있었다.

"이대로는 안 되겠어. 어떻게 해야겠어."

늙은 주인은 몸에 걸치고 있던 장신구와 가볍고 부드러운 옷을 벗어 던지고 낡고 찢어진 옷으로 갈아입고는 일부러 몸을 더럽힌 뒤 청소도구를 손에 들고 일하는 사람들에게 다가갔다.

"모두 고생들이 많군. 거기 신입은 열심히 일하게. 게으름을 피워서는 안 돼."

늙은 주인은 이렇게 해서 아들에게 다가갈 기회를 만들었다. 그리고 자연스럽게 아들에게 이렇게 말했다.

"이보게, 자네는 여기서 오래 일하게. 그러면 임금도 올려준다네. 다른 데서는 이런 괜찮은 일은 찾을 수가 없어. 그래, 자네가 열심히 일하면 가재도구나 필요한 것을 챙겨주고 쌀이나 소금 같은 것도 조금은 얻을 수 있을 걸세. 그러니 앞으로 더 열심히 일하고 남을 의심하거나 자신을 비하하는 짓은 그만두게. 게다가 늙은 하인도 있으니 원한다면 자네 조수로 붙여주겠네.

어쨌거나 안심하고 내게 다 맡기게나. 나는 자네를 아들처럼 생각하고 있네. 그러니 아무 걱정도 하지 말게. 나는 보다시피 늙은이지만 나로서 보면 자네는 아직 젊은이야. 그러니 내 말을 잘 듣게. 좋은 일을 하면서 사람을 속이거나 게으름을 피우고 화를 내고 증오해서는 안 된다고 생각하네. 자네는 그런 측면이 조금 있는 것 같지만 나는 자네를 다른 사람들과 똑같이 생각하지 않네. 그래, 난 오늘부터 자네를 친자식처럼 여기겠네."

이렇게 늙은 주인은 그에게 임금을 올려주거나 먹을 것을 주기도 했다. 하지만 어리석은 사내는 이런 대우를 받는 것을 고맙게 여기면서도 여전히 자기가 천한 일용직 노동자라고 여기고 있었다.

그렇게 20년 동안 늙은 주인은 어리석은 자식에게 청소를 시켰다. 20년이라는 세월은 두 사람의 마음을 가까이 해주었고 서로 허물없이 이야기할 수 있게 해주었지만 어리석은 사내는 여전히 자신의 신분을 망각하는 일이 없었다. 그러는 동안 늙은 주인은 점점 노쇠하여 자신의 수명이 그리 길지 않다는 것을 깨닫고 어느 날 이 사내를 불러 이렇게 말했다.

"나는 많은 돈과 금은보화를 가지고 있고 그것들은 창고 한가득 있단다. 너는 그것들의 현재 상황과 사람들에게 나누어 준 것 등을 자세히 살피고 전부 기억해라. 내가 너를 이렇게 신뢰하고 있으니 너도 그런 줄 알고 빈틈없이 처리하여 재산을 잃지 않도록 조심하거라."

그는 늙은 주인의 명령에 따라 재산의 출납과 창고 관리 등, 집안일을 모두 책임지게 되었다. 하지만 그는 그 재산 중에 단 하나라도 자신의 것으로 삼으려 하지 않고 꾸준히 자신의 신분을 지키며 여전히 저택 밖의 작은 오두막에서 사는 가난한 삶에 충분히 만족하고 있었다. 하지만 시간이 갈수록 자연스럽게 마음가짐을 고쳐먹게 되어 과거의 비천했던 자신의 마음을 부끄럽게 여기며 반성하게 되었다.

그리고 이 저택의 지배인으로서 자부심을 가져야 한다고 생각하게 되었다. 병상에 누워 이 사실을 알게 된 늙은 주인은 드디어 임종이 가까워지자 친척들과 임금님과 친분이 있는 훌륭한 사람들을 불러 모아 마음속에 품고 있던 자신의 진심을 털어놓았다.

"여러분, 잘 들어 주십시오. 지금 여기에 있는 남자는 저와 피를 나눈 저의 친아들입니다. 제가 시골 마을에 살고 있을 때 제 곁을 떠나 50년이라는 긴 세월을 방랑하면서 살았던 아들입니다. 저는 아들을 정말 보고 싶었지만, 시골 촌구석에서는 찾을 방법이 없었기 때문에 이곳에 정착하게 되었습니다. 그리고 다행히도 여기서 아들을 우연히 만나게 되었습니다. 이 남자는 제 친아들입니다. 제가 이 친구의 친아버지입니다. 그래서 제가 가진 모든 재산을 전부 아들에게 물려줄 것을 이 자리에서 말씀드립니다. 부디 허락해 주십시오."

늙은 주인의 오랜 염원이 이루어졌다. 생각지도 않았던 재산을 상속

받게 된 과거의 떠돌이 사내는 이렇게 해서 갱생의 날을 맞이하게 되었다. 그는 이렇게 말했다.

"저는 원래 비천한 몸으로 스스로 향상을 하는 일은 꿈조차 꾸지 못했습니다. 이렇게 막대한 재산은 바라지도 않았는데 저절로 저를 향해 올 것이라고는 정말이지 꿈에서도 상상하지 못했습니다."

(法華經)

법화경 法華經

「반야경」「유마경」「화엄경」과 함께 초기에 성립된 대승경전의 하나이다. 법화경의 번역본은 축법호(竺法護)가 번역한 「정법화경」과 구마라집(鳩摩羅什)이 번역한 「묘법연하경」, 사나굴다와 달마급다가 공역한 「첨품묘법연화경」이 현존하며, 그 중 구마라집의 「묘법연화경」이 명역이라는 평가를 받으며 대승불교권에서 법화경하면 「묘법연화경」을 가리킨다.

모두 7권 28품으로 되어 있으며 화엄사상과 함께 중국불교의 쌍벽을 이루게 된 매우 유명한 경전으로 모든 불교경전 중에서 가장 넓은 지역에 걸쳐 수많은 민족이 애호했던 대승경전이라고 할 수 있다.

불타는 낡은 저택

어느 마을에 늙은 부자가 있었다. 그의 재산은 막대한 것으로 하인들도 아주 많았고 저택도 매우 컸지만 아주 낡은 건물이라 기둥은 썩고 대들보는 비틀어져 기울어져 있었고, 벽은 갈라지고 마루는 삐걱거렸고, 울타리까지 당장에라도 쓰러질 것 같은 상태였다. 그래서 저택 안은 정돈이 잘 되어 있지 않아 더러운 것들로 가득했다. 게다가 이 낡고 큰 저택 안에는 아주 많은 사람이 살고 있었다.

이렇게 낡고 큰 저택에는 사람들뿐만이 아니라 부엉이, 까마귀, 뱀, 전갈, 두꺼비, 박쥐 등이 집을 지어 냄새나는 똥과 소변이 여기저기에 널려 있었고, 많은 벌레가 모여드는 지경에 이르렀다. 아니, 그것만이 아니었다. 떠돌이 개들은 서로 물어 죽여 짐승들의 사체들도 여기저기에 뒹굴고 있었고 굶주려 비실거리는 녀석들까지 있었다. 또한, 온갖 독충들도 제멋대로 번식하여 여기저기에 제멋대로 기어 다니며 사체를 뜯어먹으며 우글거려 소름이 끼칠 정도로 무시무시한 저택이었다.

이 낡고 대단히 넓은 저택이 그 부자의 집이라니. 그런데 이렇게 넓고 큰 저택에는 희한하게도 작은 문 하나밖에 없었다.

어느 날, 이 저택의 주인이 외출하고 얼마 되지 않아 저택 구석에서 불이 났다. 그리고 이 넓은 저택은 순식간에 화마에 휩싸이고 말았다. 대들보도 기둥도 화염 속에서 활활 타고 말았다. 짐승들은 불을 보고 살기를 느끼며 밟혀 죽는 녀석, 그 시체에 달려들어 피를 빨고 살을 뜯어 먹는 녀석, 불이 붙어 이리저리 뛰어다니는 녀석, 구멍으로 숨었다가 익어 버린 녀석 등, 그야말로 무시무시하고 비참한 상황이 극에 달했다.

저택의 주인이 외출에서 막 돌아왔지만 어떻게 손을 쓸 방법이 없었다. 주인은 그저 망연자실하게 집이 타는 것을 문밖에서 바라볼 뿐이었다. 그런데 그는 달려온 한 사내의 목소리에 깜짝 놀랐다.

"큰일 났어요. 도련님들이 불이 무서운 줄도 모르고 아직 집 안에서 노느라 정신이 없어요."

이 말을 들은 주인은 곧장 불 속으로 뛰어들었다. 그런데 이게 어찌된 일인가! 아이들은 노는데 정신이 팔려 불길에는 눈길조차 주지 않았고, 또한 조금도 놀라거나 무서워하지 않았다. 그리고 당장에라도 불길이 아이들을 덮치려 하고 있는데도 아이들은 밖으로 나갈 생각조차 하고 있지 않은 것이었다. 주인은 큰소리로 외쳤다.

"애들아, 위험해! 이 집에는 짐승과 독충과 뱀 등이 우글거려 위험하단다. 게다가 불이 나서 당장에라도 무너지려 하고 있어. 위험해, 빨리 도망쳐라!"

하지만 애정 어린 아버지의 비명도, 불길의 위험도, 독충과 뱀 등이 우글거리고 있는 것조차 무지한 아이들에게는 아무런 방해가 되지 않았다. 아무리 소리쳐도 아이들에게는 그 어떤 영향도 줄 수 없었다. 그 증거로 아이들은 아버지의 비명을 들으면서도 여전히 위험한 집 안에서 노는데 정신이 팔린 상태였다. 왜냐하면, 아이들은 불이 뭔지, 집이 뭔지, 잃는다는 것이 무엇인지 전혀 신경 쓰지 않았고 알려고도 하지 않았다. 아버지가 아무리 불이 무섭다고 설명을 하여도 아버지의 얼굴을 보고 천진스럽게 웃어 보이고는 다시 놀이에 몰두하였다.

이제 아버지는 제정신이 아니었다. 불길은 더욱 거세졌다. 지금 이 집 안에는 무엇 하나 재미있는 것이 없는데도 아이들은 즐겁게 놀이에 빠져 아버지의 말에 귀를 기울이지 않고 있었다. 이대로라면 아이들과 함께 불에 타 죽는 길밖에 없었다. 다급한 순간 아버지는 좋은 생각이 떠올랐다.

"아이들은 장난감이라면 환장을 하지. 그래, 장난감이라면 아이들의 주의를 끌 수 있을 거야."

아버지는 조금 전보다 더 크게 소리쳤다. 하지만 그것은 불이 얼마나 무서운 건지를 알려주는 것이 아니었다.

"너희가 아무리 갖고 싶어도 도저히 구할 수 없는 진귀한 장난감이 있단다. 지금 가지지 않으면 후회할 정도로 멋진 장난감이야. 그건 바로 양마차, 사슴 마차, 우마차란다. 그리고 그 마차가 지금 문밖에 있어. 너희를 위해 만든 거니 어서 가서 맘에 드는 걸 골라보렴. 마차를 타고 재미있게 놀아라."

아이들은 멋진 장난감 마차를 준다는 말을 듣자마자 놀이를 멈추고 서로 먼저 가려고 작은 문을 통해 밖으로 달려나갔다. 그렇게 공터로 빠져나온 덕분에 화재의 위험에서 벗어날 수 있었다. 주인은 아이들이 공터로 안전하게 피한 것을 보고 안도의 한숨을 내쉬며 말했다.

"다행이다, 아빠는 지금 너무 즐겁고 유쾌하구나. 그래도 아무것도 모르는 아이들을 키우는 건 힘든 일이야. 더럽고, 썩고, 독충과 뱀들이 우글거려도 신경 쓰지 않고, 불이 났어도 전혀 개의치 않고 놀이에 빠져 버리니 말이야. 하지만 다 잘 됐어. 내 꾀가 잘 통했구나."

혼자 중얼거리면서 빙긋이 웃는 아버지 주변으로 아이들이 모였다. 그리고 이렇게 말했다.

"아빠, 좀 전에 저희에게 주시겠다고 했던 양 마차, 사슴 마차, 우마차를 어서 주세요."

아버지는 큰 부자였으므로 다음과 같이 생각했다. '아이들을 불타는 집에서 구해내기 위해 거짓으로 양 마차, 사슴 마차, 우마차 등을 말했지만, 아이들을 무사히 구해낸 지금은 아이들에게 장난감을 주기 보다는 더 훌륭하고 좋은 것을 주어야 한다. 게다가 양, 사슴, 소 등을 각각 따로 준다면 아이들을 차별하는 것이 되니 그다지 좋은 생각이 아니다. 아버지의 사랑에는 갑이나 을이 없다. 모든 아이에게 차별 없이 똑같이 나눠 줄 수 있는 훌륭한 것이어야 한다.'

아버지는 많은 보석을 이용해서 만든 커다란 마차를 창고에서 끌고 와서 아이들에게 주었다. 그 마차는 매우 훌륭했으며 더할 나위 없이 아름다운 손잡이가 달려 있었고, 사방에 종이 황금 밧줄로 묶여 있었다. 진주를 이어서 만든 그물이 쳐져 있었고, 좌석이 넓어 아이들이 모두 타고

놀 수 있었으며 부드러운 흰 모포가 깔려 있었다. 이 마차를 끄는 소는
희고 살찐 젊고 힘이 넘치는 소였다. 이 훌륭한 선물을 받은 아이들은 모
두 마차에 올라타 놀았다.

(華嚴經)

화엄경 華嚴經
우리나라 불교 화엄종(華嚴宗)의 근본 경
전이며, 한국불교의 소의경전(所依經典)
가운데 하나인 불교 최고의 경전이다.
원명은 「대방광불화엄경(大方廣佛華嚴
經)」이며 불타발타라(佛馱跋陀羅)가 번역
한 60화엄과 실차난타(實叉難陀)가 번역
한 80화엄. 반야가 번역한 40화엄. 세
가지가 있으며 모두 우리나라에서 널리
사용되었다.
화엄경의 번역으로 인해 우리나라와 중
국에 화엄사상이 형성되었을 뿐 아니라
그 회통적인 철학성은 동양사상 속에서
하나의 강력한 흐름을 형성하였다.

스승은 원래 깨끗한 것이지만,
모두 인연에 따라 죄와 복을 부른다.
저 향은 향을 가까이하여 향기가 나고
저 새끼줄은 생선을 꿰어
비린내가 나는 것과 같은 것이다.
사람은 조금씩 물들어 그것을 익히지만
스스로 그렇게 되는 줄을 모를 뿐이다.

환상의 성

　어느 곳에 그야말로 헤아릴 수 없을 정도로 많은 보물이 있는 장소가 있었다. 하지만 그곳에 가려면 5백 요자나(고대 인도의 거리 단위), 즉 4천 5백 마일이라는 멀고 험한 산길을 지나야만 했다. 그리고 그 길은 마을에서 멀리 떨어져 있었고 물 한 방울, 풀 한 포기도 자라지 않았으며, 무시무시한 짐승들이 무리를 지어 사는 것 말고는 아무것도 없었다. 그곳에 가기 위해 여행을 떠나려는 사람에게 이 길은 너무나도 험난한 곳이었다.

　하루는 수많은 사람이 모여 상단을 형성한 뒤 이 험난한 여정을 돌파하여 아름다운 보물이 있는 곳에 가기 위한 계획을 세웠다. 그리고 다행히도 안내자 한 사람을 찾아냈다. 그 사람은 사려 깊고 아는 것이 많은데다가 이 험난한 여정의 지리에도 매우 밝았다. 하지만 사람들은 이 여행이 말로만 듣던 것 이상으로 험난하다는 사실을 잘 모르고 있었다. 그래서 실제로 이 여행이 엄청나게 힘든 여정이라는 것을 깨닫게 되면서 속속 불만을 토로하는 사람들이 생겨났다. 사람들은 안내자에게 이렇게 말했다.

"우리는 너무 지쳐서 더는 한 발짝도 움직일 수가 없어요. 게다가 목적지까지는 아직도 많이 남아 있지 않습니까? 이러다가는 도저히 목적지까지 도달할 수 없을 것 같으니 포기하고 돌아가는 게 어떨까요?"

이들은 투덜거리며 바닥에 주저앉은 체 꼼짝도 하지 않았다. 안내자는 이런 생각을 하였다.

'이 사람들은 힘들게 여기까지 와놓고서 평소에 쉽게 볼 수 없는 엄청난 보물을 포기하고 도중에 돌아가자고 하고 있군. 정말 한심한 사람들이야.'

그래서 안내자는 이들을 함께 데려가기 위한 묘책을 짜냈다. 그것은 바로 그의 신비한 능력을 이용해서 300요자나, 즉 2,700마일의 험난한 여정 저편에 있는 성을 그들이 볼 수 있게 해주는 것이었다. 그리고 그는 사람들을 격려해 주었다.

"여러분, 너무 상심하지 마십시오. 이걸 보세요, 저쪽에 커다란 성이 보이지 않습니까? 여러분, 저 성으로 가서 충분한 휴식을 취하는 게 어떨까요? 그리고 기운이 회복되면 보물을 찾아 고향으로 돌아갑시다."

피로에 지친 상단 일행은 안내자의 말을 듣고 안도의 한숨을 내쉬었다. 그리고 저편을 보니 틀림없이 성이 또렷하게 보였다.

"그래, 쉴 곳을 찾았어. 짐승들의 습격을 걱정하지 않고 안심하고 천천히 쉴 수 있는 곳이 바로 저기에 있군."

상단 일행은 서로 기쁨의 탄성을 지르며 성안으로 들어갔다. 그리고 주변을 살펴보니 성문 안에는 온갖 건물들이 즐비하고 사방에 아름다운 정원과 숲으로 둘러싸여 있었으며, 냇물과 연못을 파 놓아 목욕을 즐길 수 있었고, 높은 전망대 위에서는 젊은 남녀가 즐겁게 놀고 있었다. 덕분에 성 안으로 들어간 상단 일행의 기쁨은 이루 말할 수 없었다. 사람들은 모두 다 힘든 여정을 이겨내고 정말로 목적지에 도달한 것 같은 기분이 들어 더는 성 밖으로 나갈 생각을 하지 않았다.

이제 일행의 피로도 어느 정도 풀리고 원기를 회복한 것을 본 안내자는 다시 신비한 능력을 발휘해서 이 환상의 성을 지워버리고 일행에게 소리쳤다.

"여러분, 이제 다시 출발합시다. 지금 이 성은 제가 여러분을 쉬게 하기 위해 가짜로 환상의 성을 보여준 것입니다. 기운 차리고 출발합시다. 보물의 성이 이제 얼마 남지 않았습니다."

충분한 휴식을 취하고 다시 기운을 차린 상단 일행은 가벼운 발걸음으로 험난한 길을 헤치고 앞으로 나아갔다.

(華嚴經)

옷 속에 꿰매어진 보석

어느 마을에 몹시 가난한 사람이 살고 있었다. 하루는 친구를 찾아가 진수성찬에 술까지 대접받고 술에 취해 그 자리에 쓰러져 잠이 들고 말았다. 하지만 그 친구는 아쉽게도 멀리 일을 보러 떠나야 했기 때문에 코를 골며 잠에 취해 있는 가난한 친구의 옷 속에 값비싼 보석을 꿰매어 주고 외출을 하였다. 물론 보석은 친구가 가난에서 벗어나 부자로 살 수 있을만한 것이었다. 하지만 가난뱅이 친구는 술에 취해 그런 줄은 꿈에도 몰랐다. 이 때문에 술에서 깬 가난뱅이는 다시 정처 없이 이리저리 떠돌며 하루 벌이 생활을 했으나 여전히 가난에서 벗어날 수가 없었다. 먹고 입는 데 불편을 감수하며 온갖 수난 속에 몇 푼 안 되는 돈으로 겨우 연명하는 정도였다. 하지만 그는 그런 생활에 만족했다. 물론 생활의 고통 속에서도 자신의 옷 안쪽에 값비싼 보석이 있다는 것은 전혀 눈치채지 못했다.

그러던 어느 날, 그는 우연히 다시 거리에서 친구를 만나게 되었다.

친구는 여전히 변함없이 초라한 행색을 한 그에게 물었다.

"정말 오랜만이군. 그런데 대체 어떻게 된 건가? 하루살이생활을 하며 왜 생고생을 하고 있나? 내가 오래전에 자네를 불러 식사를 했을 때 자네가 평생 편하게 먹고 살 수 있도록 값비싼 보석을 자네 옷 안쪽에 꿰매 놓았는데. 아마 지금도 그대로일 걸세. 아무리 취해 있었다고 하더라도 어떻게 그걸 모르고 이러고 사는 건가. 당장 그 보석을 돈으로 바꿔서 필요한 것을 사게. 자네는 이제 가난뱅이가 아니라 부자일세."

(法華經)

명의와 그 자식

옛날 어느 마을에 매우 훌륭한 명의가 한 명 살고 있었다. 그는 대단히 지혜롭고 약을 짓는데도 상당한 실력을 갖추고 있었기 때문에 아무리 어려운 병이라도 그의 손길이 닿기만 하면 금방 나았다. 그리고 일가의 아버지로서 자식 부자이기도 했다.

하루는 이 명의가 다른 나라에 일을 보러 가기 위해 집을 비우게 되었다. 그가 집을 비웠을 때의 일이다. 그의 자식들은 아버지가 없는 동안에 신나게 뛰어놀다가 약장에서 독약을 꺼내 마시고 말았다. 당연히 독약은 당장에 효력을 발휘했고, 아이들은 고통스럽게 데굴데굴 구르며 비명을 질렀다.

때마침 이런 와중에 명의가 여행에서 돌아왔다. 독을 마신 아이 중에는 이미 독이 퍼져 정신을 잃은 아이도 있었고, 아직 정신을 잃지 않은 아이도 있었다. 그리고 아이들은 본능적으로 아버지가 돌아오신 것을 알고 크게 기뻐하며 아버지에게 입을 모아 호소했다.

"아버지, 어서 오세요. 저희가 바보처럼 독약을 마셔서 고통을 받고 있어요. 제발 살려주세요."

아버지는 아이들의 이야기를 다 듣고 상태를 살핀 뒤 아이들에게 먹일 약을 지었다. 이 약은 색은 물론 향과 맛도 훌륭한 데다가 독을 제거하는데도 뛰어난 효과가 있었다. 약을 만든 아버지는 아이들에게 이렇게 말해주었다.

"아주 훌륭한 약이 만들어졌다. 색도 아름답고 향기와 맛까지 좋은 약이란다. 어서 먹어라. 그러면 곧바로 약효가 나타나 고통을 없애주고 편안해질 거야."

아직 정신을 잃지 않은 아이들은 그 약이 색과 향은 물론 맛까지 훌륭하다는 것을 알고 곧바로 약을 먹고 고통에서 벗어날 수 있었다. 하지만 문제는 완전히 정신을 잃고 머리가 이상해진 아이들이었다. 이 아이들은 아버지를 보자마자 살려달라고 소리쳤지만, 아버지가 만들어준 약은 절대로 먹으려 하지 않았다. 이 아이들은 이미 독약이 몸 전체에 퍼져 정신이 이상해졌기 때문에 색과 향과 맛까지 모두 훌륭한 약을 눈앞에 두고도 먹어도 되는지, 정말 효과가 있는 것인지 믿을 수가 없었다. 이 모습을 본 아버지는 마음속으로 이렇게 생각했다.

"불쌍한 녀석들. 이 아이들은 독이 퍼져서 진실을 진실로 여기지 못하는구나. 나를 보고 살려달라고 애원하면서도 이 좋은 약을 전혀 먹으려 하지 않는군. 그래, 꾀를 내서 이 약을 아이들에게 먹여야겠군."

그는 곰곰이 생각했다. 그리고 고개를 끄덕이며 아이들을 불러놓고 조용히 말했다.

"애들아, 나도 이제 나이가 들어 언제 죽을지 모르는 상황이다. 그러니 이 약은 여기에 둘 테니 이 약을 먹어라. 먹기만 하면 금방 병이 나을 테니 아무런 걱정은 하지 마라. 꼭 마셔야 한다."

그는 이렇게 말하고 다시 먼 곳으로 여행을 떠났다. 그리고 하인들에게 어떤 부탁을 했다. 하인들은 집 안으로 들어서면서 아이들에게 힘겹게 이렇게 말했다.

"도련님들, 안타깝게도 아버님이 여행 중에 돌아가셨다고 합니다."

머리가 돌아버린 아이들도 아버지가 죽었다는 말에 깜짝 놀랐다. 아이들은 진심으로 아버지의 죽음을 애통해 했다. 그리고 이렇게 생각했다.

"만약 아버지가 살아계셨다면 우리 병을 고쳐주기 위해 최선을 다해 간호해 주었을 거야. 하지만 이제 틀렸어. 아버지의 임종도 지키지 못할 면 타국에서 돌아가시고 말았어. 이미 어머니도 돌아가셨고 아버지까지 돌아가셨으니 고아가 된 우리는 어떻게 하면 좋단 말인가. 맞아, 아버지가 여행을 떠나시기 전에 약을 놓고 가셨지. 우리는 그때 아버지의 마지막 유언을 들었어. 그게 뭐였지? 아마도 좋은 약이니… 먹으면 병이 낫는다. 여기에 둘 테니… 먹어야 한다. 그렇게 아버지가 우리에게 남긴 건 이 약뿐이야."

슬픔에 잠겨 눈물을 흘리면서도 아버지가 떠나면서 남긴 말들이 하나둘씩 흐리게나마 떠오르게 된 아이들은 이제 어느 정도 정신을 차리게 되었다. 그리고 아버지가 남기신 약을 보았다. 손에 들고 냄새를 맡아보았다. 색은 물론 향기로운 냄새가 흘러나왔다. 이번에는 조금 맛을 보았다. 정말로 맛있었다. 아이들은 아버지에 대한 기억이 완전히 돌아와서 하나둘씩 그 약을 먹었다. 약효는 정말 대단했다. 독약이 퍼진 아이들의 머리와 몸이 완전히 회복되어 건강을 되찾을 수 있게 되었다. 병이 완전히 나은 것이다.

먼 나라에서 아이들의 상태를 걱정하던 아버지는 아이들이 모두 완쾌되었다는 소식을 듣고 서둘러 집으로 돌아왔다. 그리고 그간의 정황을 말해준 뒤 서로 얼싸안고 기뻐했다.

두말할 필요 없이 그 이후로 이 가족에게 다시 평화가 찾아와 명의 아버지는 언제나 자상한 얼굴을 하였고, 아이들은 씩씩하게 어느 하나 부족함 없이 즐거운 비명을 질렀다.

(法華經)

CHAPTER 2

삶의
궁극적인
목표

사람을 모시는 수행자

어느 한적한 곳에 특이한 수행자가 있었다. 이 수행자는 만나는 사람마다 반드시 인사를 하며 이렇게 말하는 것이다.

"저는 당신을 진심으로 존경합니다. 당신은 앞으로 부처님이 되실 분이십니다."

누굴 만나더라도 이 수행자는 이렇게 절을 하고 같은 말을 반복했다. 그래서 사람들은 그를 보고 '절하는 사람'이라는 별명을 붙여 주었다.

수행자라면 열심히 경전에 절을 하고 읽고 외우는 것이 보통이었지만, 아무래도 이 수행자는 경전보다는 인간을 모시는데 더 열심인 것 같았다. 사람을 만나면 일단 절을 하고 늘 똑같은 말을 반복하는 것이다.

"저는 당신을 진심으로 존경합니다. 당신은 앞으로 부처님이 되실 분이십니다."

하지만 이 절하는 사람이 이렇게 하는 것을 모두 다 좋아하는 것은 아니었다.

"뭐야, 나를 바보로 아나! 어디서 굴러온 개뼈다귀인지 모를 수행자 주제에 부처님이 될 사람이라고? 웃기고 있네. 자기가 무슨 부처님인 양 그따위 약속을 하는 거야. 나는 부처가 되고 싶지 않아!"

이렇게 화를 내는 사람도 꽤 많았다.

하지만 아무리 화를 내거나 욕설을 퍼부어도 그는 전혀 화를 내거나 실망하지 않고 똑같은 말을 반복했다.

"저는 당신을 진심으로 존경합니다. 당신은 앞으로 부처님이 되실 분이십니다."

10년을 하루와 같이 이렇게 반복을 하다 보니 점점 더 사람들의 반감을 샀다. 사람들은 이 수행자에게 욕설을 퍼부으며 막대기로 때리거나 돌을 집어 던지고 발로 걷어차기까지 했다. 하지만 그는 조금도 저항하거나 화를 내지 않고 피하면서 같은 말을 반복했다.

사람들은 이제 포기하고 말았다. 아무리 해도 이 수행자는 같은 말만 반복할 뿐이기 때문이다.

"맘대로 해."

사람들은 수행자를 상대하지 않게 되었다. 하지만 수행자는 여전히 사람을 만날 때마다 변함없이 절을 하고 같은 말을 반복했다.

"저는 당신을 진심으로 존경합니다. 당신은 앞으로 부처님이 되실 분이십니다."

사람들은 완전히 질려버렸다. 하지만 '절하는 사람'의 말은 어쨌거나 사람들의 귓속에서 언제나 울리고 있었다.

"그래, 나도 꽤 쓸모가 있어."

사람들은 문득문득 '절하는 사람'의 초라한 행색을 떠올렸다. 그리고 그때마다 그의 말을 떠올리면 용기가 낫고 마음이 밝아져 열심히 노력하자고 다짐을 하게 되었다.

더는 그 누구도 이 '절하는 사람'을 바보취급 하지 않게 되었다.

(法華經)

진리를 추구하여

한 수행자가 설산이라는 깊은 산 속에서 홀로 열심히 수행하고 있었다. 사람들은 그가 진리를 추구하는데 매우 열심이라는 것을 알고 어린 아이들이 뭔가에 열중해 있을 때 나타나는 생기발랄한 것에 비유해서 이 사람을 설산동자라는 별명을 붙여 주었다.

바로 이때 천상계 사람들은 이 수행자의 결심이 얼마나 굳은 것인가를 확인하기로 하고 천상계 사람 중의 대장 격인 제석천(帝釋天)이 수행자의 마음을 시험해 보기로 하였다. 제석천은 보기에도 무시무시한 악마의 모습으로 변신하여 설산으로 내려가 수행자에게로 다가가 큰소리로 외쳤다.

"제행무상(諸行無常)하니, 시생멸법(是生滅法)하다.

모든 것이 무상하니, 이것이 곧 생멸(生滅)의 법칙이니라."

이 말은 원래 이 세상에 태어나 진리를 가르쳤던 수많은 불교 성인들이 주창해왔던 짧은 구절 중에 앞부분 절반이었는데, 수행자는 이 말을 듣자마자 강한 감명을 받아 마치 어둠 속에서 등불을 발견한 듯이 기뻐했다. 왜냐하면, 그는 원래 이교도 집안에서 태어났기 때문에 아직 단 한 번도 이런 훌륭한 가르침을 받은 적이 없었다.

그는 많은 생각을 하였다.

"그래, 차분히 마음을 가다듬고 생각해 보면 인생의 모든 것이 다 무상한 것이다. 어떤 것이라도 영원히 존재할 수 있는 것은 없어. 번성했던 것도 언젠가는 시들게 마련이고, 번영도 언젠가는 멸망하게 마련이지. 그 모든 것이 덧없는 '생멸의 법칙', 다시 말해 탄생하고 소멸한다는 원칙에서 벗어날 수 없다는 것은 절대적인 것이야. 그래, 이건 정말로 진리이어야만 하지."

그리고 그는 다시 많은 생각을 하였다.

"그런데 대체 누가 이런 근본적인 원리를 들려준 걸까? 제발 좀 더 자세하게 그 해결법까지 들려준다면 좋으련만…"

수행자는 주변을 둘러보았지만 그렇게 존귀한 모습을 한 사람은 그림자도 보이지 않았고 그 대신에 무시무시한 악마가 위협을 하듯이 그를 노려보고 있을 뿐이었다. 그는 다시 생각에 잠겼다.

"이 악마가 한 말일까? 아니, 그럴 리가 없어. 이렇게 존귀한 원리를 가르쳐 주기에 그는 얼굴이나 모습이 너무나도 끔찍해. 설마 저런 모습으로 그렇게 훌륭한 문구를 알고 있을 리가 없어. 그건 마치 불 속에서 연꽃이 필 수 없고, 태양에서 차가운 샘물이 솟아나지 않는 것과 마찬가지야. 하지만 이건 어리석은 내 착각이고 어쩌면 저 악마가 실제로 노래를 불러준 것이 아닐까? 이 악마는 수많은 진리를 가르쳐준 성인 중에 누군가와 만나서 이 문구를 알게 되었을지도 몰라."

수행자는 많은 고민 끝에 악마에게 물었다.

"지금 그 문구를 노래한 분이 당신인가요? 혹시 그렇다면 진리를 가르쳐 주는 이 문구를 언제 누구에게서 들었나요? 저는 아마도 이 문구가 과거 수많은 성인이 가르쳤던 문구 중에 가장 존귀한 가르침이라고 생각합니다만."

그러자 악마는 이렇게 대답했다.

"뭘 잔소리가 그렇게 많으냐? 나는 45일 동안 아무것도 먹지 못했다. 너무 배가 고파서 나도 모르게 입에서 튀어나온 말이다. 다른 아무 뜻도 없다."

"그러지 마시고 부디 제게 모든 것을 가르쳐 주십시오. 지금까지의 것만으로는 의미를 완전히 이해할 수 없으니 다음 문구를 가르쳐 주십시오. 만약 그 뒤의 가르침을 얻을 수 있다면 평생 당신의 제자로 살겠습니다. 제발 가르쳐 주십시오."

"너는 꽤 영리해 보이지만 네 생각만 하고 내 생각은 해주지 않는구나. 나는 좀 전에 말했듯이 배가 고프다. 한가하게 노래를 부를 때가 아니다."

"그럼 뭘 좀 드시는 게…."

"내가 먹는 건 인간의 생살이다. 그리고 마시는 것은 인간의 생피다. 하지만 인간이란 게 내 생각처럼 쉽게 먹을 수 있는 게 아니다. 그래서 나는 45일 동안 아무것도 먹지 못한 채 굶고 있다."

"그렇습니까? 잘 알겠습니다. 그렇다면 제 몸을 드릴 테니 부디 가르침을 주십시오. 어차피 한 번은 죽을 목숨입니다. 이 몸을 바쳐 절대 진리를 깨달을 수 있다면 저는 결코 죽음도 두렵지 않습니다."

"그런 헛소리를 누가 믿겠느냐? 짧은 문구를 듣기 위해 자신의 목숨을 버린다는 헛소리를."

"아니, 맹세합니다. 저는 지금 시들어가는 육신을 버리고 영원히 사라지지 않을 진리를 얻고자 합니다. 혹시 그래도 저를 믿을 수 없다면 모든 것을 걸고 그것을 증명해 보이겠습니다."

"그렇게까지 말하니 그 뒤 구절을 가르쳐주마."

수행자는 악마의 말을 듣자 온몸에 전율이 퍼지는 것을 느꼈다. 절대 진리를 이제 들을 수 있게 된 것이다. 그는 자신이 입고 있던 사슴 가죽 옷을 벗어 풀밭에 깔고 그 위에 악마를 앉게 하고, 그 앞에 무릎을 꿇고 앉아 손을 가슴에 모아 합장을 한 채 정신을 집중하였다. 악마는 천천히 자리를 잡고 앉아 근엄하게 뒤 구절을 낭송했다.

"생멸멸이(生滅滅已)하여, 적멸위락(寂滅爲樂)하니라.

생과 멸이 사라져야 비로소 진정한 즐거움을 얻을 수 있다.

이제 약속한 대로 너를 잡아먹겠다."

수행자는 처음부터 각오하고 있었다.

또한, 이 말을 듣는 순간 무상하게 생멸하는 세상의 경계를 깊이 이해할 수 있다면, 그 어떤 것의 방해도 받지 않고 진정으로 차분한 경지가 펼쳐질 수 있다는 것을 깨닫게 된 것이다. 그리고 이것이야말로 그가 갈구하던 모든 것이었다.

태어났다 소멸하며 바뀌는 현실의 세계는 언제 태어나고 언제 소멸할지 알 수 없는 불안정한 것에 지나지 않아. 따라서 그것은 진정으로 영원히 존재하는 것이 아니야. 이렇게 불안정한 현실의 생활에 얽매이지 말고, 우리의 인생이 생멸하고 변화하는 것이라는 사실을 직시하고 마음속으로 이해하는 것이야말로 진정으로 차분하고 흔들림이 없는 마음에 어울리는 것이야. 그런데 인간은 대부분 모든 것이 변한다는 것을 망각하고 이 현실 세계에 현혹되고, 또한 그러한 시간적 현상에 불과한 것을 확실한 것이라 여기기 때문에 인생에서 고통을 느끼고 우수와 슬픔이 생겨나는 거야.

그래, 그런 현상은 어디까지나 '현상'에 불과하고 진정으로 존재하는 것이 아니야. 그리고 이 사실을 확실하게 파악하고 현상의 세계를 있는 그대로 바라볼 수 있게 되어야 비로소 정적(靜寂)의 경지, 다시 말해서 그어떤 것에도 방해를 받지 않고 열반의 경지에 도달할 수 있다.

… 그는 이제야 이 근본적인 진리를 제대로 이해할 수 있었다. 그리고 수행자는 자신이 죽고 난 뒤에 이 문구를 영원히 알리기 위해 돌 위와 나무와 길바닥에 적었다. 제행무상(諸行無常) 시생멸법(是生滅法) 생멸멸이(生滅滅已) 적멸위락(寂滅爲樂)이라는 말은 수행자의 손에 의해 사방에 적히게 되었다.

글쓰기를 마친 수행자는 옷매무새를 고쳐 매고 높은 나무 위로 올라갔다. 그러자 나무가 물었다.

"무슨 생각으로 올라가는 거죠?"

그는 대답했다.

"존귀한 가르침을 주신 답례로 이 육체를 저기 악마에게 바치는 겁니다."

나무가 수행자에게 다시 물었다.

"불과 몇 마디 안 되는 말이잖아요. 그렇게 짧은 말에 그만한 가치가 있을까요?"

수행자는 큰소리로 외쳤다.

"물론이죠. 그것이야말로 진리입니다. 그리고 과거 수많은 성인이 가르쳤던 올바른 가르침입니다. 저는 이 올바른 가르침을 받기 위해, 그리고 모든 후세의 사람들에게 이 말을 전달하기 위해 제 목숨을 바칠 수 있는 것에 매우 만족합니다."

그는 나무 위에서 몸을 던져 악마의 먹이가 되려 했다. 그런데 어찌된 일인지 수행자의 몸이 땅에 떨어지기 직전에 악마는 다시 제석천(帝釋天)의 모습으로 돌아와 두 팔을 높이 들어 수행자를 받아 조용히 땅 위에 내려놓았다. 그리고 수행자의 발아래 넙죽 엎드려 감격에 겨워 떨리는 목소리로 말했다.

"아아, 그대야말로 진정한 수행자이십니다. 그대는 반드시 부처가 될 것입니다. 그때는 부디 저희를 가르치고 인도해 주십시오. 부탁합니다."

(大般涅槃經)

대반열반경 大般涅槃經
석가모니불의 열반을 종교적, 철학적으로 깊이 이해시키기 위해 편찬한 경전으로, 인도의 담무참(曇無讖)이 번역한 40권은 북본(北本)이라하며, 중국 송나라(유송)의 혜엄(慧嚴) 등이 번역한 36권본은 남본(南本)이라 한다. 우리나라에서는 주로 북본이 사용되었다.

논리보다는 증거

45명의 사람이 모여서 그 자리에 없는 친구에 대해 이야기를 했다.

"아, 그 친구? 그 친구는 깔끔하고 좋은 사내지. 하지만 조금 아쉽게도 두 가지 결점이 있지. 그건 금방 기뻐했다가 화를 내는 것과 성질이 급해서 다소 경솔하다는 거야."

"맞아, 그것만 빼면 정말 좋은 친군데."

그런데 마침 이런 이야기를 하고 있을 때 당사자가 막 방으로 들어오려다 이 이야기를 들어버렸다. 그 사내는 갑자기 방문을 박차고 들어와 자기 험담을 하던 사내를 때렸다.

"뭐하는 짓이야!"

사람들은 갑작스러운 상황에 당황하면서 때린 사내를 말렸다. 하지만 그는 씩씩거리며 이렇게 말했다.

"내가 언제 화를 냈단 말이야. 내가 언제 경솔했어? 까불지 들마! 이 녀석은 내가 화를 잘 내고 경솔하다고 흉을 봤다고. 뭐, 불만 있어?"

"이봐, 잠깐만! 잠시 화내지 말고 이야기를 들어봐. 지금 네 흉을 보고 있던 게 아니야. 실은 자네가 꽤 괜찮은 사내라고 말하고 있었다고. 단지, 그러니까…, 자네 흉을 본 게 아니야. 지금처럼 이야기를 다 듣지도 않고 화를 내며 갑자기 달려들어서 사람을 때리는… 그런 게 좀 아쉽다고 하던 중이라고."

때린 사내는 머리를 긁적였다.

"그랬군, 미안하게 됐네."

"자네는 화를 내지 않았다고 했지만, 지금 막 달려들어 사람을 쳤잖아. 경솔하지 않다고 했지만, 자초지종을 들으려고도 하지 않았잖아."

모두 웃었다. 때린 사내도 현장에서 증명을 해 보였기 때문에 쑥스러운 얼굴을 하고 함께 웃었다.

(百喻經)

백유경 百喻經

인도의 승려 승가사나(僧伽斯那)가 쓴 총 4권 98경으로 된 〈샤타바다나수트라〉를 그의 제자 구나브리티(求那毘地)가 번역하면서 백유경(百喻經)이라고 이름 지은 경전이다. 일반 대중이 이해하기 쉽도록 우화로 풀어 설명한 비유경전(譬喻經典)이다. 이역본으로 「백구비유경」「백구비유집경」「백비경」 등이 있다.

다 마시지 못하는

옛날에 미련한 사람이 있었다. 그는 매우 어리석고 지혜가 없었다. 어느 날 그는 목이 말라 물을 찾았다. 그러자 그의 친구가 그를 강가로 데려갔다. 그러나 막상 강가에 다다라서는 그저 강물을 바라볼 뿐 전혀 물을 마시려 하지 않았다. 옆에 서 있던 친구가 답답하다는 듯이 말했다.

"자네, 좀 전에 목이 말라 물을 마시고 싶다고 했잖아."

"그랬지, 그래서 생각 중이야."

사내가 대답했다.

"생각은 집어치우고 어서 물을 마시게나. 그러라고 내가 자네를 이리로 데려왔잖아."

"잘 알고 있네."

"그렇다면 어서 마시게."

하지만 목이 마른 사내는 곤란한 표정을 지으며 고개를 저었다.

"자네는 이 물을 다 마실 수 있을 거로 생각하나?"

친구는 의아한 표정을 지었다.

"농담하지 말게. 천 명이 모여도 다 마실 수 없어."

목이 마른 사내가 말했다.

"그래서 내가 곤란해 하는 거야. 다 마시지도 못할 것을 어떻게 마실 수 있는지 잘 생각해 보게."

"자네 맘대로 하게."

친구는 목이 마른 사내를 남겨두고 제 갈 길을 갔다.

(百喻經)

바보와 그의 아내

　머리 회전이 몹시 나쁜 사람이 있었다. 그의 아내는 재주가 아주 많고 아름다웠기 때문에 그는 아내를 매우 사랑했다. 하지만 아내는 자신의 아름다운 외모를 자랑하다가 결국에는 다른 사내를 좋아하게 되어서 남편을 버리고 사라졌다. 그녀는 가출하면서 자신의 어머니에게 귓속말로 이렇게 부탁하였다.

　"다른 죽은 여자의 시신을 바꿔치기해서 나라고 속여주세요."

　부탁을 받은 어머니는 그가 외출한 사이에 죽은 여자의 시체를 운반해 와서 침상에 눕혀 놓았다. 이윽고 그가 집에 돌아오자 그녀의 어머니는 교묘하게 사내를 속였다.

　"딸이 죽었네."

　그는 자신의 방으로 달려가 죽은 여자의 시신을 끌어안고 엉엉 울면서 그녀의 죽음을 진심으로 애통해 했다. 그리고 정성을 다해 화장을 해주고 그 뼈를 단지에 넣어 밤낮없이 뼈 단지를 품은 채 슬픔에 잠겨 있었다.

그런데 좋아하는 남자와 도망을 쳤던 그의 아내는 상대 남자에게도 싫증이 나서 갑자기 그에게로 돌아왔다. 그녀는 집 안으로 들어오자마자 그에게 이렇게 말했다.

　　"내가 당신 아내예요."

　　하지만 바보 남편은 고개를 저으며 상대도 하려 하지 않았다.

　　"내 아내는 오래전에 죽었어요. 이렇게 단지 안에 모시고 있지요. 당신이 뭔가 착각을 하는 것 같네요."

　　그녀가 아무리 반복해서 아내라고 주장을 해도 이 머리가 돌아가지 않는 바보는 전혀 믿으려 하지 않았다.

　　(百喩經)

어리석은 사람과 우유

어느 마을에 어리석은 사람이 있었다. 이 사람이 하루는 많은 손님을 초대하여 우유를 접대하려고 했다. 하지만 손님을 초대한 날이 한 달이나 뒤의 일인 데다가 젖소도 두 마리밖에 없었다. 그때까지 매일 우유를 짜는 것도 힘든 데다가 혹시라도 우유가 상할까 걱정이 되었다. 그래서 이 어리석은 사람은 생각했다.

"우유를 소의 배에 그냥 내버려 두는 게 제일 좋아. 그러면 상할 염려도 없고 한 번만 짜면 그만이야."

이렇게 생각한 그는 젖소를 그냥 묶어 둔 채로 내버려 두었다.

그렇게 한 달이 지나 드디어 손님을 맞이할 날이 왔고, 손님들의 얼굴을 보자마자 소를 끌고 와 젖을 짜내려고 했지만 오랜 시간 소를 내버려놓은 탓에 우유가 전혀 나오지 않았다. 그러자 손님들은 이 사람에게 화를 내거나 그의 어리석음을 비웃으며 조롱하였다.

(百喩經)

사람이 덕을 많이 쓰면
어떤 일이 안 풀리지 않고
진실된 마음을 쓰면
빛이 되는 것이 덕이고 도를 익힌다

진수성찬과 소금

어떤 사람이 초대를 받아 진수성찬을 먹었지만, 전혀 맛이 없었다. 주인에게 이 사실을 알리자 주인도 맛을 보았다.

"역시, 안 되겠군."

주인은 부엌에서 소금을 가져와 음식에 살짝 뿌렸다. 그도 소금을 받아 음식에 뿌려 먹어보니 정말 맛이 있었다. 그는 기뻐하며 이렇게 생각했다. 소금을 넣으니 음식이 맛이 있어졌군. 조금만 넣어도 이렇게 맛이 있으니 많이 넣으면 얼마나 맛이 있을까? 그는 소금을 많이 얻어서 집으로 돌아갔다.

그는 집에서 식사할 때 소금을 많이 넣고 먹어보았다. 하지만 아무 맛도 나지 않고 그저 짠맛만 날 뿐이었다. 하지만 그는 "이럴 리가 없어. 내혀가 이상해서 맛을 못 느끼는 거야."라고 생각하면서 다른 음식은 먹지 않고 소금만 먹다가 결국은 병이 나고 말았다.

(百喩經)

삼층저택

어리석은 부자가 있었다. 하루는 남의 삼 층 저택을 보고 웅장한 모습에 매료되어 갑자기 자신도 가지고 싶어졌다. 그는 이렇게 생각했다.

"나도 재산이 아주 많아 저 녀석에게 뒤지지 않을 정도야. 좋아, 나는 저 녀석보다 훨씬 멋진 삼 층 집을 짓기로 하자."

마음속으로 이렇게 결심한 그는 집에 돌아오자마자 당장에 목수를 불러 물었다.

"어떤가, 자네는 그 부잣집처럼 멋진 삼 층 집을 지을 수 있겠는가?"

목수의 대답은 뜻밖의 것이었다.

"나리, 그 집은 제가 지은 것입니다."

"그래? 그렇다면 당장 내게도 그렇게 훌륭한 삼 층 집을 지어주게."

목수는 두말없이 승낙하고 곧바로 작업에 착수했다. 지면을 측량하고 줄을 치고 이리저리 설계한 뒤 기초공사에 착수하였다. 하지만 어리석은 부자에게는 목수가 줄을 치고 설계도를 그리고 기초공사를 하는 것이 도

무지 맘에 들지 않았다. 지금도 평평한 땅을 굳이 파내서 무얼 하겠다는 심사인지 의심스러웠던 그는 다시 목수에게 물었다.

"자네 지금 뭐 하는 건가?"

목수는 의아하다는 표정으로 대답했다.

"삼 층 집을 짓고 있습니다."

하지만 어리석은 부자에게 이 대답은 통하지 않았다.

"나는 삼 층 집을 지어달라고 했네. 일 층과 이 층은 필요 없다고."

목수는 황당하고 어이가 없다는 듯이 이렇게 설명해 주었다.

"그건 불가능한 일입니다. 일 층이 없이 이 층을 지을 수는 없습니다. 그리고 이 층이 없이 삼 층을 지을 수도 없지요. 지금 하는 작업은 일 층도, 이 층도, 삼 층도 아니지만 그것을 위한 기초공사로 일 층을 짓기 위해 꼭 필요한 준비 작업입니다. 게다가 기초공사는 이 층을 만들려면 일 층을 만들 때보다 조심을 해야 합니다. 저는 삼 층을 지으려 하고 있으므로 더더욱 신중을 기해야 합니다."

하지만 어리석은 부자는 도무지 이해할 수 없었다. 그리고 여전히 똑같은 소리만 반복했다.

"나는 일 층이니 이 층은 필요 없다. 쓸데없는 짓 말고 당장 멋진 삼 층짜리 집을 지어라."

(百喻經)

도둑과 임금님의 옷

어느 도둑이 임금님의 창고에 몰래 숨어들어 많은 보물과 훌륭한 옷 등을 훔쳐 도망쳤다. 이 사실을 안 임금님은 신하들을 풀어 도둑의 행방을 수소문했다. 결국 붙잡힌 도둑은 임금님 앞으로 끌려왔고, 임금님은 도둑에게 이렇게 물었다.

"너는 수많은 훌륭한 옷들을 어디서 훔쳐냈느냐?"

"폐하, 이 옷은 모두 저희 집안 대대로 전해지는 것으로 할아버지의 유품입니다."

도둑은 이렇게 주장했다.

"그래? 그렇다면 그 옷을 입어 보아라."

도둑은 조심스럽게 임금님의 옷을 입어보려 했지만 처음 보는 옷이었기 때문에 어떻게 입어야할지 알 수가 없었다. 손을 넣어야 하는 곳에 다리를 넣고, 허리를 묶어야 하는 것을 머리에 묶는 식이었다.

그렇게 힘겹게 옷을 입고 말했다.

"폐하, 다 입었습니다."

임금님은 이 모습을 조용히 지켜보다가 이윽고 신하들을 불러 모아놓고 도둑에게 이렇게 호통을 쳤다.

"웃기는 놈이군. 만약 그 옷이 네 놈 집안에서 대대로 전해져 온 것이라면 어떻게 입어야할지 알고 있었을 것이다. 그런데 네놈은 엉뚱하게도 허리에 할 것을 머리에 하거나 손발이 들어갈 곳조차 제대로 모르고 있지 않으냐!"

도둑의 거짓말은 이렇게 해서 간단히 드러나 감옥에 들어가게 되었다.

(百喩經)

느긋한 임금님

옛날 어느 나라의 임금님과 왕비님 사이에서 귀여운 공주님이 태어났다. 당연히 임금님은 매우 기뻐하며 어의를 불러 이렇게 말하였다.

"귀여운 공주가 태어났으니 하루라도 빨리 큰 모습을 보고 싶다. 그러니 공주가 빨리 클 수 있는 약을 만들 거라."

이 명령을 받은 어의는 공손하게 대답하였다.

"네, 명심하겠습니다. 거기에 딱 맞는 약이 있습니다. 그런데 그 약은 아주 먼 나라에 있으므로 지금 당장 출발을 하겠지만 그래도 12년이 지나지 않으면 구할 수가 없습니다. 하지만 반드시 구해오겠사오니 부디 그때까지 기다려 주시옵소서. 그리고 폐하께서 반드시 지켜 주셔야 할 약속이 있사옵니다. 그것은 지금 보시다시피 공주님이 매우 작지만 제가 구해온 훌륭한 약으로 얼마나 커졌는지를 보기 위해, 제가 돌아올 때까지 폐하께서는 공주님을 보시면 안 됩니다. 반드시 좋은 약을 구해 와서 성장을 시켜 보여드리겠습니다."

임금님은 기꺼이 그것을 승낙했다. 그렇게 12년의 세월이 흘렀다. 그 동안 이 의사는 이곳저곳을 떠돌다가 12년째 되는 해에 약속을 지키기 위해 돌아와 공주에게 약을 먹였다. 하지만 그때는 공주가 이미 12살이 되었기 때문에 12년 전의 갓난아기가 아니었다. 의사는 좋은 약으로 이렇게 성장을 시켰다고 말하며 12살이 된 공주를 임금님에게 보여드렸다.

"폐하, 정말 오래 기다리셨습니다. 드디어 약속드린 대로 좋은 약을 구해서 공주님께 드렸습니다. 직접 보십시오. 공주님은 이전과 달리 훌륭하게 성장하셨습니다."

임금님은 크게 기뻐했다. 임금님은 의사를 보기 드문 명의라고 생각하여 신하들에게 명하여 많은 금은보화를 상으로 내렸다.

(百喻經)

물속의 도끼

은도끼를 가지고 있던 사내가 배를 타고 바다를 건너다가 실수로 도끼를 물속에 빠뜨리고 말았다. 하는 수 없이 그는 이렇게 생각했다.

"떨어뜨린 곳의 물 상태를 적어 두었다가 나중에 천천히 찾기로 하자."

그리고 두 달 가까이 지나 다른 나라로 가는 길에 우연히 강을 지나게 되었다. 그런데 그 강물이 이전에 적어두었던 물의 상태와 매우 흡사해서 당장 물속으로 뛰어들어가 전에 빠뜨린 은도끼를 찾기 시작했다. 주변 사람들은 이 남자의 이상한 행동을 보고 대체 무슨 일이 있는 것인지 궁금해하다가 결국은 이런 대화가 오가게 되었다.

"대체 무슨 일입니까?"

"은도끼를 찾고 있습니다."

"어디서 잃어버렸나요?"

"처음 배를 탔을 때 바다에 빠뜨렸습니다."

"그게 언제 일인가요?"

"두 달 정도 전의 일입니다."

"두 달 전에 바다에 빠뜨린 도끼가 이 강 속에 있을 리가 없잖아요."

"실은 빠뜨렸을 때 그 장소의 물 상태를 적어두었는데 지금 확인해 보니 이곳의 물과 똑같아서 아마 이 강물 속에 도끼가 있을 것으로 생각합니다. 그래서 찾고 있는 겁니다."

"그랬군요. 물은 차이가 없을지 몰라도 장소가 전혀 다르니 아무리 찾아본다고 해도 헛고생입니다."

(百喻經)

눈에 보이지 않은 복을 지어야 재물이 따르고
어리석은 자는 남과 비교하여 행복을 찾으려 한다.

요리사와 칼

요리사가 일을 열심히 해주어서 그곳의 주인은 그의 노고를 위로하기 위해 죽은 소 한 마리를 그에게 주었다. 그는 그것을 요리하기 위해 특별히 큰 식칼을 꺼내 들었지만 금방 무뎌지므로 자주 갈아야 하는 칼이었다. 게다가 그 식칼을 갈 수 있는 숫돌은 부엌과는 정반대 편의 헛간에 있었기 때문에 요리사는 그때마다 이리저리 왔다 갔다 해야만 했다. 요리사는 너무나 번거로워 이렇게 생각했다.

"그래, 한 번에 몇 번 쓸 수 있도록 갈아 두면 될 거야."

그는 열심히 칼을 갈았다. 10배나 더 정성을 들여 칼을 갈았다. 하지만 돌아와서 잘라보니 다시 잘 들지 않는 것이었다. 그는 다시 숫돌이 있는 헛간으로 가서 이번에는 100배나 정성을 들여 칼을 갈아야겠다고 생각했다. 그는 이제 소에 대해서는 까맣게 잊어버리고 숫돌을 가는 데만 정신이 팔리고 말았다.

(百喩經)

불과 물

한 사내가 동시에 찬물과 불이 필요했다. 그는 대야에 물을 받아 불 위에 올렸다. 나중에 불을 가지러 가보니 다 타고 재만 남았다. 물도 다 졸아붙어 둘 다 전혀 도움이 되지 않았다.

(百喻經)

볶은 씨앗

어느 마을에 바보가 있었다. 하루는 생참깨를 먹어보니 전혀 맛이 없었다. 다음에는 볶아서 먹어보니 정말 맛이 좋았다. 그래서 그는 생각을 했다. '참깨를 볶아서 땅에 심어서 키우면 분명 맛있는 참깨가 나올 거야' 라고. 그리하여 그는 생 씨앗 대신에 볶은 씨앗을 뿌렸다. 자아, 과연 어떻게 되었을까?

(百喩經)

바보 도둑

도둑 한 명이 있었다. 하루는 부잣집에 몰래 숨어 들어가 간단하게 비단옷 등을 훔쳐서 나올 수 있었다. 그리고 그 비단옷 속에 자신이 가지고 있던 찢어지고 더러운 옷 따위를 소중히 감싸서 사람들의 비웃음을 샀다.

(百喻經)

이상한 장사

어떤 사람이 오랜 세월 바닷속에 침몰당하여 있는 보물들을 인양하는 사업에 종사하고 있었다. 지금과 달리 당시에는 바다에 나가는 것이 그야말로 목숨을 거는 일이었다. 하지만 그 사람은 운이 좋은 사람이었다. 하루는 매우 훌륭한 수레 하나를 바다에서 인양했다. 그는 크게 기뻐하면서 이 보물 수레를 시장에 가져가 팔려고 했지만, 가격이 너무 비싼 탓에 며칠이 지나도 팔리지 않았다.

때마침 숯을 파는 사람이 수레 한가득 숯을 싣고 장사를 하러 왔다. 한데 옆에서 보고 있던 그는 순식간에 팔려 나가는 숯을 보고 이렇게 생각했다.

"이 수레를 태워 숯으로 만들면 틀림없이 금방 팔려 나갈 거야."

그는 당장에 수레를 태워 숯으로 만든 다음 다시 시장에 내다 파니 순식간에 팔려 나갔다. 하지만 계산을 해보니 매상이 보물 수레의 수백분의 일에 지나지 않았다. (百喩經)

눈이 없는 선인(仙人)

산속에서 수행하여 무엇이든 꿰뚫어 볼 수 있는 신통력을 가진 신선이 있었다. 그의 꿰뚫어보는 능력은 아무리 땅속 깊이 묻혀 있는 보물이라도 정확하게 꿰뚫어 볼 수 있었다. 임금님은 이 신선의 소문을 듣고 크게 기뻐하면서 어떻게 해서든 이 신선을 오랫동안 자신의 나라에 머물게 하려고 했다. 그리고 하루는 신하들을 불러놓고 이렇게 말했다.

"신선을 우리나라에 오래 머물도록 좋은 의견을 내놓는 사람에게는 상을 내리겠노라."

그러자 신하 중의 한 명이 임금님의 말이 끝나기가 무섭게 뭔가 좋은 생각이 있다는 듯이 궁에서 뛰어나갔다. 산속으로 간 그는 신선을 붙잡아 그의 두 눈을 파내어 다시 서둘러 임금님 앞으로 가져갔다.

"보십시오. 소신은 신선의 눈을 파왔습니다. 이렇게 하면 신선은 더는 눈이 보이지 않으니 멀리 떠날 수가 없을 것입니다. 신선은 싫어도 이 나라에 계속 살게 될 것입니다."

임금님은 이 어리석은 신하의 보고를 받은 후 기가 차다는 듯이 그에게 이렇게 말했다.

"신선을 이 나라에서 오래 머무르게 하려 했던 것은 꿰뚫어보는 신통력을 가진 그의 눈을 통해 땅속에 묻혀 있는 보물을 찾아내기 위함이었다. 눈이 없는 신선은 아무 짝에도 쓸모가 없다."

(百喩經)

상처 약

어느 죄인이 법을 어겨 채찍질을 당하였다. 그리고 죄인은 맞은 상처에 말 오줌을 발라 상처를 빨리 아물게 하였다. 이 모습을 보고 있던 어떤 사람이 크게 기뻐하며 집으로 가서 자신도 이 방법을 응용해보려고 아들에게 이렇게 말했다.

"어서 내 등에 채찍질해라."

그러자 아들은 정직하게 아버지의 등에 채찍질했다.

"아야, 아야!"

아버지는 아파하면서도 곧바로 상처에 말 오줌을 발라보았다. 그러자 정말 신기하게도 효과가 바로 나타나면서 상처가 아물었다. 아버지는 신기해하며 크게 기뻐했다.

(百喩經)

대머리에 바르는 약

옛날에 머리카락이 한 올도 없는 사내가 있었다. 겨울이 되면 남들보다 먼저 머리가 추웠고, 여름이 되면 남들보다 먼저 더운 데다 모기나 벌레에 물렸고, 남들에게 깡통 머리라는 놀림을 받아 어떻게 해서든 고치고 싶었다. 그러던 어느 날, 명의라고 평판이 자자한 의사를 찾아가게 되었다.

"선생님, 부탁이 있습니다."

의사가 물었습니다.

"어디가 안 좋으신가요?"

"특별히 아픈 데는 없는데, 저기…."

사내가 말하기를 주저하자 의사가 먼저 말을 꺼냈다.

"제가 보기에 특별히 아픈 데는 없는 것 같으니 주저하지 말고 말씀해 주십시오."

사내는 머리를 긁으며 말했다.

"실은, 머리 때문입니다. 선생님, 머리카락이 나게 할 방법이 없을까요?"

의사는 웃으면서 모자를 벗고 자신의 머리를 가리켰다. 의사의 머리도 그와 마찬가지로 빤질빤질한 머리였다.

"제 머리를 보세요. 저도 이 빤질빤질한 머리 때문에 고생하고 있습니다. 만약 제가 대머리를 고쳐줄 수 있다면 제일 먼저 제 머리를 고쳤을 겁니다. 하하하…."

(百喩經)

부꾸미 반 토막

한 사내가 배가 고파서 과자 가게에 들어가 부꾸미 일곱 개를 샀다. 그리고 그것을 바로 먹었다. 하나를 다 먹었으나 여전히 배에서는 꼬르륵 소리가 났다. 그는 두 개째를 먹었다. 그러나 여전히 배가 부르지가 않았다. 셋, 넷, 다섯, 여섯 개를 다 먹었다. 여전히 배가 고팠다. 이제 하나밖에 남지 않았기 때문에 그는 마지막 부꾸미를 반으로 잘라 먹었다. 그러자 이번에는 배가 불렀다. 남은 부꾸미 반 조각을 손에 쥔 사내는 억울하다는 듯이 말했다.

"이런, 바보짓을 했군. 부꾸미 반 조각으로 이렇게 배가 부를 거라면 여섯 개나 먹지 않아도 좋았을 것을."

(百喻經)

수상한 것은 안인가 밖인가

어느 마을에 낡은 집이 있었는데 그곳에는 무시무시한 괴물이 나타난다는 소문이 있었다. 하루는 대담한 사내가 이곳을 지나가다가 시험 삼아 하룻밤 머무르기로 했다.

밤이 깊어지면서 집 안에서는 아무런 소리도 나지 않았다. 그런데 바로 그때 문이 열리는 소리가 들려왔다.

"드디어 수상한 놈이 나타났군."

사내는 있는 힘껏 문을 몸으로 막았다. 밖에서 안으로 들어오려는 사람도 있는 힘껏 문을 밀었지만 열 수가 없었다. 이윽고 날이 밝아 확인해보니 밖에 있던 상대도 역시 사람이었다.

"대체 어떻게 된 거요?"

안쪽에 있던 사내가 물었다.

"당신이야말로 어떻게 된 거요?"

밖에 있던 사내가 묻자 안에 있던 사내는,

"수상한 것의 정체를 밝히기 위해 여기 있었소."

밖에 있던 사내도,

"나도 수상한 것의 정체를 밝히기 위해 왔소."

안에 있던 사내는,

"당신이 수상한 상대라고 생각했소."

밖에 있던 사내도,

"나도 당신이 수상한 상대라고 생각했소."

그리고 두 사람은 껄껄껄 웃었다.

(百喻經)

과자와 하인

어느 집의 주인이 하인에게 돈을 주고 과자를 사 오라고 심부름을 시켰다.

"이 돈으로 맛있는 과자를 사 오너라."

하인은 곧바로 과자 가게로 달려갔다.

"맛있는 과자를 주세요."

그러자 주인이 말했다.

"여기 있는 과자는 다 맛있어요. 정말인지 거짓말인지 한 번 맛을 보세요."

하인은 하나하나 핥아보았다. 그리고 이렇게 말했다.

"이건 맛있으니 됐고, 이것도 맛있으니 됐어. 하나하나 확인을 해보고 사는 거니까 주인님이 틀림없이 칭찬해 주실 거야."

하인은 자신이 핥은 과자를 사서 돌아왔다. 덕분에 주인에게서 심부름 값을 두둑이 받았다. (百喩經)

자연스러운 공주님

옛날 어느 나라에 아름다운 공주가 있었다. 하지만 공주에게는 특이한 버릇이 있었다. 그것은 무슨 일이든 '자연'이라고 말하는 것이다.

예를 들어 왕이 공주에게 아름다운 옷이나 훌륭한 보석 등을 선물해도 그다지 고마워하지 않았다.

"공주, 너는 훌륭한 옷과 보석을 받고도 내게 전혀 고마워하지 않는구나?"

"네, 이것은 '자연'으로부터 받은 거니까요."

"뭐, 자연에서 받은 거라고? 이것은 내가 준 것이 아니냐?"

"네, 분명 아바마마의 손을 통해 받았습니다. 그것은 자연에서 받은 것을 아버님이 제게 주신 거지요. 그러니 저는 '자연'으로부터 이 옷과 보석을 받은 것이 되지요."

왕은 대단히 화가 났다.

때마침 그때 궁전 앞에 거지가 나타나자 왕은 너무 화가 난 나머지 공주에게 소리쳤다.

"너는 무엇이든 자연, 자연이라고 하며 아무리 잘 해주어도 고마움을 느끼지 못하고 있구나. 너는 아비가 있든 없든 상관이 없다는 말이냐! 그렇게 '자연' 스러운 것이 좋다면 저기 있는 거지의 아내가 되어라!"

왕의 화난 말투에도 공주는 전혀 개의치 않았다.

"상관없습니다. 그것도 자연스러운 것이니까요."

공주는 이렇게 말하고 거지에게로 갔다. 거지는 공주를 보고 깜짝 놀라 도망치려 했지만, 공주는 살며시 거지의 소맷자락을 붙잡고 말했다.

"당신은 일 년 내내 남에게 구걸하면서 살고 있지요? 임금님께서 저를 당신에게 주셨어요. 그러니 저를 받아주세요. 조금도 걱정할 필요가 없어요."

결국, 거지는 공주라는 엄청난 선물을 받고 성을 빠져나왔다. 그리고 두 사람은 어떤 나라로 가게 되었다.

마침 그 나라에서는 왕이 죽고 후사를 이을 자식이 없어서 대신들은 누구를 왕으로 추대해야 할지 연일 고민에 빠져 있었다.

그러던 어느 날 대신들이 우연히 밖을 내다보고 있을 때 두 명의 거지가 걸어가고 있는 모습을 보았다. 그렇지만 어딘지 모르게 기품이 넘쳐흘렀다.

"여봐라, 거기 두 사람, 어디서 온 누구냐?"

대신 중의 한 명이 이렇게 말하고 두 사람을 불렀다. 하지만 공주의 대답은 여전했다.

"저희는 어디서 온 누가 아닙니다. 그저 자연스럽게 이렇게 하는 사람들입니다."

누가 물어도 공주의 대답은 똑같았다. 그리고 그것은 결국 이 나라에서 좋은 평판을 얻게 되었다. 공주의 특이한 말투와 기품이 수많은 사람의 마음을 사로잡았다. 결국, 대신들은 온갖 회의 끝에 이 두 명의 거지가 훌륭한 사람들이라고 믿고 두 사람을 왕으로 추대하기로 했다.

"자연스럽게 그렇게 된 것이니 좋습니다. 저희는 왕이 되기로 하겠습니다."

공주는 이렇게 대답했다.

이렇게 해서 두 명의 거지는 왕이 되었다. 그리고 왕이 된 뒤에도 언제나 이렇게 말했다.

"우리 자연스럽게 하지요. 무슨 일이든 자연스러운 것이 좋아요."

새로운 왕은 항상 자연에 대한 생각을 했기 때문에 무슨 일이든 결코 무리하는 일이 없었다. 덕분에 매우 훌륭하게 정치를 하였다. 그 나라는 점점 더 번영하였고, 사람들은 왕의 덕을 칭송하였다. 그 소식은 이웃나라에게까지 퍼져 주변 나라의 왕들이 속속 이 두 사람을 알현하기 위해 찾아오게 되었다.

그 중에는 왕의 아버지도 있었다. 왕은 아버지를 오래 머물 수 있도록 배려하고 훌륭한 선물을 하여 아버지를 극진하게 모셨다. 왕은 아버지보다 낮은 자리에 앉아 진심으로 이렇게 말했다.

"아바마마, 저는 지금 진정으로 자연을 얻은 것 같습니다."

아버지도 결국 감복을 하였다.

"이제야 나는 네 생각이 내가 도저히 범접할 수 없는 훌륭한 것이라는 사실을 깨닫게 되었구나."

아버지는 빙긋이 웃으며 말했다.

(舊雜譬喻經)

구잡비유경 舊雜譬喻經
인도의 학승 강승회(康僧會)가 번역
한 것으로 모두 2권으로 되었으며
부처님과 그 제자들의 전생이야기
61편이 실려 있다.

CHAPTER 3

무소유

황금 솥

어느 절에 황금으로 된 솥이 있었다. 절에서는 이 솥으로 온갖 것들을 삶아서 여행자들에게 음식을 제공해 주었다.

그런데 한 사내가 그 솥을 훔치기 위해 승복으로 위장해 스님들 사이로 들어갔다. 그리고 우연히 그 절의 주지 스님의 설법을 듣게 되었는데, 주지 스님은 좋은 일을 한 사람은 좋은 보답이, 나쁜 일을 한 사람은 반드시 나쁜 보답을 받는다는 이야기를 구구절절이 하고 있었다. 이 이야기를 들은 도둑은 마음속 깊이 반성을 하였다. 그리고 생각해 보니, '이 절에 황금 솥이 있고 그것을 훔칠 생각을 했기 때문에 이 절에 왔고, 덕분에 훌륭한 설법을 듣고 마음의 깨달음을 얻게 된 거야. 그렇다면 솥이야말로 나를 인도해 준 스승님이야.' 라고 깨달았다. 그래서 일단 솥에 정중하게 절을 하고 나서 여러 스님 앞에서 자신이 왜 이곳에 왔는지를 솔직하게 털어놓았다.

그 자리에 있던 수많은 스님들이 이 솥 도둑의 이야기를 들었다.

"그래, 그랬군요. 당신의 마음이 깨끗해졌다면 이제 훌륭한 스님이 되신 겁니다. 그리고 당신을 인도해 주신 부처님은 틀림없이 이 황금 솥이기 때문에 솥에 절하는 것도 당연한 일입니다. 이제 우리와 함께 수행합시다."

절의 주지 스님은 조용히 이렇게 말했다.

이 사람은 그 후 온갖 학문을 연마하고 수행을 하여 훌륭한 스님이 되었다고 한다. 그리고 항상 황금 솥에 절을 하였다고 한다.

(舊雜譬喩經)

스님이 된 임금님

어느 나라의 임금님이 임금 자리를 버리고 스님이 되었다. 그리고 홀로 산속에 들어가 수행을 하면서 오두막을 짓고 바닥에 쑥을 깔고 살면서 '이보다 더 좋을 수는 없어.'라고 크게 기뻐했습니다. 사람들은 이것을 희한한 일이라고 여겼다.

"당신은 왜 여유로운 왕의 삶을 버리고 이렇게 거지 같은 생활을 하고 있으며, 이런 가난한 삶이 뭐가 그리 좋은가요?"

스님이 된 임금님은 빙긋이 웃으며 대답했습니다.

"여러분, 제가 왕이었을 때는 이런저런 근심·걱정이 많았습니다. 때로는 이웃 나라의 왕이 우리나라를 공격하여 보물들을 빼앗아갈지도 모른다고 걱정을 하고, 또 어떤 때는 도둑이 들어와 재산을 훔쳐갈지도 모른다고 걱정을 하고, 또 어떤 때는 혹시 속아서 재산을 빼앗기는 것이 아닐까 걱정을 해야 하고, 또한 항상 신하들이 모반을 꾀하지는 않을까 걱정했습니다. 그런데 스님이 되고 나니 제 주변에는 그런 걱정거리가 모두 사라졌습니다. 저를 위협하는 것이 전혀 없지요. 그러니 이보다 더 좋을 수가 없답니다."

(舊雜譬喻經)

직물공의 전공(戰功)

　어떤 나라가 매우 풍족하다는 사실을 안 이웃 나라가 무력으로 이 나라를 점령하려 하였다. 이 나라는 이웃 나라의 야망을 막기 위해 15세 이상, 60세 이하의 남자들을 전부 동원하여 국경 지역으로 보내기로 하였다.

　마침 이 나라에 막 60살이 된 직물공이 있었다. 이 영감의 부인은 아름다운 미모를 자랑삼아 언제나 남편을 바보취급을 하였고, 이 영감 또한 부인이 시키는 대로 다 하면서 아내의 비위를 맞추며 하루하루를 보냈다. 그런데 이번에 임금님의 명령에 따라 전장에 나가게 되어 아내에게 이렇게 말했다.

　"내가 이번에 임금님의 명령에 따라 무기와 식량을 준비하여 전장에 나가게 되었네. 그러니 준비를 좀 해주게."

　부인은 곧바로 커다란 자루에 식량을 넣고 천을 짤 때 날실을 끼우는 5m나 되는 나무 막대와 함께 남편에게 주었다.

"여기 식량과 무기가 준비되었으니 어서 가요. 이 외에 더 필요한 건 없어요. 하지만 자루하고 나무 막대를 잃어버리거나 망가뜨리면 저는 더 이상 이 집에 없을 거예요."

그는 아내에게 이런 말을 듣고 전장으로 향했다. 그래서 그는 적에게 부상을 당하는 것은 아무렇지 않게 생각했지만, 부인에게 받은 두 개의 물건에 문제가 생기지 않을까 그것이 걱정이었다. 그러다 결국 적군과 교전을 하게 되었는데, 그 결과 아군이 적군에게 패하여 전우들은 모두 도망을 치고 말았다. 하지만 그의 머릿속에는 부인이 한 말이 각인되어 있었기 때문에 나무 막대가 망가지면 큰일이라고 여기고 손을 쭉 뻗어 막대를 높이 흔들었다. 제때 도망을 치지 못한 그는 다급하게 적을 향해 큰소리로 외치며 막대를 휘둘렀다. 적은 그의 용감한 모습에 놀라 '틀림없이 엄청나게 센 놈이다. 적이지만 대단한 녀석이다.' 라고 생각하며 퇴각했다. 그리고 아군이 다시 진용을 정비하고 모두 힘을 합쳐 진격하여 커다란 승리를 거둘 수 있었다. 임금님은 크게 기뻐하면서 당장에 전과를 올린 사람들에게 포상하였다. 수많은 사람이 입을 모아 이번 전투에서 가장 잘 싸운 사람으로 나이 든 직물공이라고 임금님에게 말했다. 이윽고 그는 임금님 앞으로 불려가 임금님으로부터 직접 포상을 받았다. 그리고 이런 질문을 받았다.

"이번 전투에서 그대의 전과가 대단하다고 모두가 입을 모아 말하고 있다. 짐도 그대처럼 용감한 사람을 부하로 두어 영광으로 생각한다. 하지만 그대는 어떻게 혼자서 대군의 적들을 물리칠 수 있었는가?"

그러자 그는 솔직하게 말했다.

"저는 원래 군인이 아니므로 전쟁에 대해서는 잘 모릅니다. 하지만 제 아내가 출정하기 전에 두 개의 물건을 주었습니다. 그리고 그녀는 이 두 가지 물건을 잃어버리면 집을 나가겠다고 했습니다. 그래서 저는 죽을힘을 다해서 이 두 가지 물건을 안전하게 지키고자 노력했습니다. 따라서 적군을 물리친 것은 제가 용감해서가 아닙니다."

모든 사정을 다 들은 임금님은 신하들을 둘러보고 말했다.

"이 사람은 적군보다 자신의 아내를 무서워했지만, 나라를 위기에서 구한 큰 공을 세웠으니 제일 공신으로서 많은 포상을 내리겠노라."

이렇게 해서 직물공은 임금님의 신하가 되어 많은 재산과 훌륭한 저택 등을 받게 되었다.

(雜譬喩經)

잡비유경 雜譬喩經
1) 1권. 후한의 지루가참(支婁迦讖)이 번역한 붓다의 가르침을 11가지 이야기로 설명한 경
2) 2권. 번역자 미상으로 보살의 중생 구제와 공양, 불법에 귀의하는 공덕 등을 26가지 이야기로 설명한 경.
3) 1권. 도략(道略)이 엮은 것을 구마라집(鳩摩羅什)이 번역한 것으로 붓다의 가르침을 39가지 이야기로 설명한 경.

그물 안의 새

사냥꾼이 넓은 평야의 호수 위에 그물을 치고 기다리자 많은 새가 그물에 걸렸다.

"오늘은 운이 좋군."

사냥꾼이 그물을 당기자 그물 속에 있던 커다란 새 한 마리가 다른 새들과 함께 그물을 끌고 하늘 높이 날아올랐다.

사냥꾼은 그물이 날아간 쪽으로 성큼성큼 걸어서 쫓아갔다.

"자네, 바보 아냐? 새는 하늘을 날아가고 있고 자네는 땅 위를 걷고 있네. 대체 어떻게 잡을 생각인가?"

다른 사람들이 사냥꾼에게 말했다. 하지만 사냥꾼은 차분하게 대답했다.

"밤까지 기다릴 걸세."

"자넨 참 한가한 친구군."

다른 사람이 이렇게 말했지만, 사냥꾼은 이렇게 말했다.

"아니, 이보다 더 좋은 방법은 없지. 두고 보라고. 녀석들은 이제 밤이 되면 각자 자신의 둥지로 돌아가려고 할 거야. 가는 방향이 서로 다르기 때문에 아마도 그물 안에서 큰 소동이 벌어질 거야. 그물은 더는 앞으로 가지 않고 아래로 떨어지고 말 거야."

해가 저물고 얼마 지나지 않아 그물 속의 새들은 동쪽으로 가려는 녀석도 있고 서쪽으로 가려는 녀석, 남쪽으로, 북쪽으로 서로 제각각 날려고 했기 때문에 결국 큰 새도 힘이 빠져 그물이 점점 추락하기 시작했다. 사냥꾼은 간단히 많은 새를 잡을 수 있었다.

(雜譬喩經)

진주가 나온 장소

옛날에 어떤 사람이 바다에 보물을 찾으러 갔다. 그 당시 바다로 나가는 일은 목숨을 거는 일이었다. 하지만 다행히 그는 어떤 섬에 무사히 도착할 수 있었다. 그리고 붉은 진주를 찾기 위해 수도 없이 바닷속으로 잠수했다. 잠수하다가 날카로운 바위 때문에 손발에 상처를 입고 피투성이가 되어 육지로 올라온 적도 있었다. 하지만 그는 그러한 역경과 고통을 겪으며 드디어 조개 속에서 붉은 진주를 찾아낼 수 있었다.

이렇게 그는 매일 커다란 파도가 일렁이는 바위틈으로 열심히 잠수하였다. 커다란 거북이를 만나 깜짝 놀라기도 하고, 한 달에 걸쳐 겨우 진주 하나를 발견하는 등, 힘들게 삼 년이라는 세월을 섬에서 보냈다. 그리고 드디어 많은 진주를 모을 수 있었다.

그렇게 그는 고향으로 돌아가게 되었다. 하지만 바다가 고요한 날을 골라야만 했다. 게다가 무사히 육지에 도달해도 산속에는 산적들이 있었다. 또한, 숲을 지날 때면 무시무시한 맹수들도 있었다. 그는 그렇게 생명의 위험을 몇 번이고 넘겨야 했다. 하지만 결국 무사히 집으로 돌아올 수가 있었다.

집에 돌아와 부자가 된 그는 지난 일을 회상하며 힘들었던 날들이 즐거운 추억으로 마음속에 되살아났다. 하지만 때로는 숨이 막힐 듯한 끔찍한 꿈을 꾸기도 하였다.

부자에게는 두 명의 자식이 있었다. 하루는 아이들이 어디서 찾아냈는지 그가 감춰놓았던 진주를 가지고 놀고 있었다. 부자는 아이들이 즐겁게 노는 모습에 꾸중하지 않고 그저 지켜보고 있자니 한 아이가 이렇게 말했다.

"너 그거 어디서 났어?"

"내 손 주머니 안에서 나왔어. 그런데 너는 어디서 났어?"

"나는 창고에 있는 항아리 속에서 찾았어."

부자가 킥킥거리며 웃자 아내가 물었다.

"무슨 일이에요, 뭐가 우스운 거죠?"

부자는 조용히 웃으며 말했다.

"아마 당신은 모를 거야. 목숨을 걸고 찾아낸 진주도 아이들에게는 손 주머니나 항아리에서 나온 진주에 불과하다니까."

(雜譬喩經)

항아리 속의 그림자

아직 거울이라는 물건이 없었을 때의 이야기다.

한 젊은이가 아내를 얻어 사이좋게 살고 있었다. 그러던 어느 날, 젊은이는 아내에게 이렇게 말했다.

"부엌에 가서 포도주를 가져와 한잔 합시다."

아내는 서둘러 부엌으로 가서 술 항아리 뚜껑을 열었다. 그런데 그 안에는 아름다운 여자가 있었다. 아내는 그것이 자신의 그림자라는 것을 전혀 모른 채 낯빛이 변해서 남편에게로 달려가 따졌다.

"당신 정말 너무해요. 아름다운 부인을 항아리 속에 감춰놓고 내게 보러 가게 하다니 정말 해도 해도 너무해요."

아내는 결국 울음을 터뜨리고 말았다. 남편은 깜짝 놀라며 대체 무슨 일이 있었던 것인지 직접 부엌으로 가서 항아리 속을 들여다보니 잘 생긴 젊은 남자가 항아리 속에 있는 것이 아닌가! 이번에는 젊은이가 화가 나서 씩씩거리며 말했다.

"대체 무슨 헛소리야? 젊은 남자가 숨어 있잖아!"

그렇게 부부싸움이 시작되고 말았다. 그렇게 서로 욕설을 퍼부으며 싸우는 사이 친하게 지내던 중년의 신사가 찾아왔다. 신사는 부부싸움을 시작되게 된 경유를 다 듣고 나서 누구 말이 맞는지를 확인하기 위해 부엌으로 가서 항아리 속을 들여다보았다.

그런데 항아리 속에는 미인도 잘생긴 청년도 없이 젊잖게 생긴 중년 신사가 있었다. 그러자 이 신사는 자기 말고 친한 사람이 생겨서 자신을 멀리하기 위해 꾸민 부부싸움이라고 생각하고 아무 말도 하지 않고 돌아가 버렸다.

그리고 한 수행자가 지나치게 되었다. 그는 그들의 이야기를 다 듣고 항아리 속에 모두의 그림자가 비쳤다는 것을 알게 되었다. 수행자는 젊은 부부에게 자세하게 설명해 주었지만, 부부는 서로 두 눈으로 똑바로 봤다고 주장을 하면서 그의 말을 믿으려 하지 않았다. 수행자는 하는 수 없이 젊은 부부를 항아리로 데리고 갔다.

"그렇다면 제가 두 분을 위해 항아리 속의 사람을 끌어내 보도록 하겠습니다."

수행자는 이렇게 말하고 커다란 돌로 술 항아리를 깨뜨려버렸다. 항아리 속의 포도주가 흘러나와 흙 속으로 스며들었지만 항아리 속에서는 아무도 나오지 않았다.

"두 분은 어리석게도 항아리 속에 비친 자신들의 그림자를 보고 싸움을 하고 있었던 겁니다. 그리고 이렇게 자신의 허무한 그림자 때문에 남과 싸우는 경우가 세상에는 아주 많습니다. 그러니 충분히 주의해 주십시오."

그제야 진실을 알게 된 부부는 이 수행자에게 몇 번이고 절을 하고 화해를 했다.

(雜譬喩經)

을 파는 것이 아니라,
로 완성된다.
 원망하지도 말라
 직 오지 않았다.

155

보이지 않는 천리안

　어느 마을에 수행을 오래 하여 무엇이든 볼 수 있는 능력이 있다고 스스로 선전하고 다니는 수행자가 있었다. 그 수행자의 얼굴이나 행동에서 오랜 수행을 쌓아 온 것을 느낄 수 있었기 때문에 사람들은 이 수행자의 예언을 믿는 사람도 적지 않았다.

　하루는 그 마을의 부자가 수많은 훌륭한 사람들을 초대하여 잔치를 벌였다. 물론 이 수행자도 참석하였다. 그런데 수행자는 자리에 앉자마자 뭐가 재미있는지 갑자기 웃음을 터뜨렸다. 주변 사람들이 왜 웃는 것이냐고 묻자, 그는 차분한 표정으로 대답했다.

　"제가 5만 리 떨어진 산을 보고 있노라니, 그 산에는 큰 물줄기가 하나 있는데 지금 원숭이 한 마리가 막 그 물 속으로 떨어져서 웃고 말았습니다."

　사람들은 깜짝 놀라 탄성을 지르며 감탄했다. 하지만 한 사람만은 그의 말이 사실인지 아닌지 확인해 보고 싶었다. 그는 바로 잔치를 벌인 부자의 외동아들이었다. 그는 부엌으로 달려가 접시에 맛있는 음식들을 올리고 그 위에 밥을 덮어서 수행자 앞에 내밀었다. 그리고 다른 손님들에게는 밥을 아래에 깔고 그 위에 온갖 맛있는 음식을 얹어 주었다. 그런데 손님들 모두 맛있게 식사를 하였지만, 수행자만은 화가 난 표정으로 음식을 먹지 않았다.

"왜 안 드시나요?"

"내 접시에는 밥만 있고 음식이 없는데 맛있게 먹을 리가 없잖소!"

아들은 고개를 갸우뚱거리며 그에게 말했다.

"당신은 5만 리 떨어진 계곡 물속에 떨어진 원숭이를 보면서 어째서 밥 아래의 음식은 보지 못하나요?"

무안해진 수행자는 음식도 먹지 않은 채 돌아가 버렸다.

(雜譬喩經)

누가 미쳤나?

어느 나라에 이따금 이상한 비가 내렸다. 강과 호수와 우물 속에 고여 있는 그 빗물을 마시게 되면 사람들이 취한 채 정신이 이상해져서 일주일이 지나야 정상으로 돌아올 수 있었다.

바로 이때 영리한 임금님이 있었다. 임금님은 이상한 비구름이 몰려오면 당장에 우물 뚜껑을 닫아 빗물이 들어가지 못하게 하고 빗물이 들어가지 않은 물을 마셨다. 하지만 이상한 빗물이라는 것을 모르는 신하들은 빗물을 마셔 정신이 이상해져 발가벗고 머리에는 진흙을 올린 채로 궁으로 왔다. 오로지 임금님만 제정신이었기 때문에 혼자만 훌륭한 용포를 입고, 훌륭한 왕관을 쓴 채로 왕좌에 앉았다. 하지만 신하들은 자신들의 정신이 이상하다는 것을 깨닫지 못한 채 임금님을 정신병자 취급을 하면서 임금님 혼자 옷을 입고 있는 것을 의아해했다. 그리고 신하들은 서로 상의를 했다.

"임금님은 정신병에 걸리셨소. 정말 큰일이 났소. 무슨 수를 내야만 할 것 같소."

임금님은 신하들의 이야기를 듣고 말했다.

"나는 좋은 약을 가지고 있기 때문에 스스로 병을 고칠 수 있다. 잠시만 기다려라. 내 당장 약을 먹고 오겠노라."

임금님은 자신의 방으로 가서 옷을 벗고 머리에 진흙을 얹고 돌아왔다. 신하들은 그 모습을 보고 크게 기뻐했다. 자신들과 똑같은 모습으로 임금님이 나타났기 때문이다.

"과연 폐하십니다."

신하들은 이렇게 말했다.

그렇게 일주일이 지나고 신하들은 정신이 돌아와 자신들의 행동을 부끄러워하면서 복장을 제대로 갖추고 머리에 관을 쓴 채 궁전으로 왔는데 임금님은 이전과 마찬가지로 벌거벗은 채로 앉아 있는 것이 아닌가!

"대체 이게 어찌 된 일이오? 폐하께서는 항상 영민하신 분이신데."

임금님은 신하들을 둘러보며 조용히 말했다.

"내 마음은 항상 일정하여 변한 적이 없노라. 그대들은 빗물 때문에 정신이 나가 오히려 나를 미치광이 취급을 하였다. 그 때문에 이렇게 보여주고 있는 것이다."

신하들은 또 한 번 임금님의 차분하고 깊은 배려에 크게 감동하며 우러러보았다.

(雜譬喩經)

불면불휴(不眠不休)의 음악

　어느 마을에 음악가가 살고 있었다. 하루는 이 음악가가 어느 부자에게 소를 받고 싶다고 청했다. 하지만 부자는 이 음악가에게 소를 줄 생각이 전혀 없었다. 그래서 이렇게 말했다.

　"밤낮 쉬지 않고 일 년 내내 연주해 준다면 원하는 대로 소를 주겠다."

　음악가가 대답했다.

　"그렇게 하겠습니다. 그런데 당신도 함께 일 년 내내 쉬지 않고 음악을 들을 건가요?"

　음악가는 이렇게 다짐을 받았다. 부자는 별생각 없이 그러겠다고 허락했다. 음악가는 부자의 대답에 만족하고 열심히 연주를 하기 시작했다. 그렇게 삼일 밤낮을 전혀 쉬지 않고 연주를 했다. 부자는 더는 연주를 듣고 싶지 않을 정도로 질려버렸기 때문에 결국 음악가에게 소를 주고 말았다. (雜譬喩經)

말 훈련

어느 나라에 말이 없는 임금님이 있었다. 어떻게 해서든 말을 구하는 것이 임금님의 소원이었다. 나라의 재산이 점점 줄어드는데도 개의치 않고 사방팔방으로 사람들을 보내서 드디어 이 임금님은 5백 마리의 훌륭한 말을 가질 수 있게 되었다.

임금님은 그 말들을 군마로 이용하여 적국과 맞서게 하였기 때문에 그 나라는 안전이 보장되었고, 야심 넘치는 이웃의 왕도 이 나라는 넘볼 생각을 할 수 없었다. 이렇게 무사태평한 세월이 흐르는 사이 말을 먹이는 비용이 너무 많이 들어 5백 마리의 군마는 큰 짐이 되고 말았다. '아무 쓸모도 없는 군마에 막대한 돈을 허투루 쓸 필요가 없어. 쓸데없는 비용을 줄이기 위해 말이 스스로 먹이를 찾을 수 있도록 방목하는 것이 좋겠다. 그러면 국가 재정도 안정될 거야. 그래, 그렇게 하기로 하자.' 라고 생각한 임금님은 말 담당자에게 그렇게 하도록 명령하였다. 이렇게 해서 말들은 자유를 얻는 대신에 스스로 먹이를 해결해야 했다. 그리고 말들은 오랜 습관 때문에 주변을 빙빙 돌면서 먹이를 찾아 헤매는 야생마가 되었다.

　그런데 이 사실을 알게 된 이웃 나라의 왕이 갑자기 군대를 일으켜 국경을 공격하였다. 때문에 내버려두고 있던 5백 마리의 말들은 임금님의 명령에 따라 무거운 군장과 용맹한 장군과 병사들을 태우고 채찍을 맞으며 적진을 향해 돌격준비를 했다. 장군은 물론 병사들도 곧장 전진을 향해 돌진하고 싶었지만 말들은 그저 빙빙 돌기만 하고 전혀 적진을 향해 가려 하지 않았다. 때문에 군의 사기가 땅에 떨어졌고, 이 모습을 본 적군은 더더욱 용기백배하여 공격을 해왔기 때문에 싸움이 되지를 않았다. 아군은 속속 패전하고 말았다.

　(衆經撰雜譬喻經)

느긋한 사람

우물에 빠지기 직전에 우물가에 조금 난 풀을 잡고 겨우 버티고 있는 한 사내가 있었다. 위를 올려다보니 우물 가까이에 커다란 나무 한 그루가 가지를 쭉 뻗어 잎으로 하늘을 가리고 있었다. 그리고 그 나무에서는 이따금 달콤한 꿀이 한 방울씩 똑똑 떨어져 그 입속으로 떨어졌다.

하지만 자세히 보니 그가 잡고 있는 풀뿌리를 두 마리의 쥐가 서로 번갈아가면서 갉아먹고 있었다. 이 쥐들이 풀뿌리를 다 갉아버리면 남자는 우물 속으로 빠져야 한다. 하지만 커다란 나무는 뜨거운 태양 빛으로부터 몸을 가려주고, 비가 내리면 우산이 되어 젖지도 않았다. 우물 속이기 때문에 태풍이 불어도 끄떡없었고 나무에서 떨어지는 꿀은 굶주림과 갈증을 해소해 주었다. 남자는 어느샌가 그런 생활에 젖어 이런 생활을 즐기게 되었고, 결국 위험한 우물에서 벗어나려 하지 않았다. 그리고 자신이 위험에 처해있다는 것은 전혀 생각도 하지 않은 채 최선을 다해 이따금 떨어지는 한 방울의 꿀을 기다리며 입을 벌리고 있는 것이었다.

(衆經撰雜譬喩經)

어느 임금님의 죽음

옛날 인도의 코살라라는 나라가 있었는데 임금님의 이름은 '장수왕'이다. 그리고 이 왕에게는 외아들이 있었는데 그 왕자의 이름은 '장생'이다.

왕은 어떤 일이 있더라도 무력을 행사하는 것을 좋아하지 않았다. 국민은 그의 덕에 탄복하였고 나라에는 불안이 전혀 없었기 때문에 점점 더 부와 풍요를 누릴 수 있었다.

그런데 이 나라의 이웃 카시라는 나라는 '범예왕'이라는 매우 난폭한 왕 때문에 백성들의 삶은 너무나도 궁핍했다. 때문에 카시의 국민들은 언제나 코살라의 사람들을 부럽게 생각하고 있었다.

하루는 범예왕이 신하들을 불러놓고 이렇게 말했다.

"소문에 의하면 장수왕의 나라는 매우 부유하게 살고 있지만, 무력을 갖춘 군대가 없다고 한다. 그래서 장수왕의 나라를 공격하려 하는데, 그대들은 어떻게 생각하는가?"

신하들은 모두 찬성을 하며 곧바로 수많은 병사에게 무기를 나눠주고 왕이 선봉에 서서 코살라 나라를 향해 출정했다. 코살라 나라의 접경에 있던 사람들은 이 모습을 보고 당황하면서 서둘러 장수왕에게 이 사실을 알려 빨리 군대를 보내 이웃 나라의 군대를 물리쳐 달라고 했다. 코살라 나라의 대신들도 서둘러 전쟁준비에 돌입했다.

하지만 장수왕은 대신들을 불러놓고 이렇게 말했다.

"나는 전쟁을 하지 않겠다. 나는 토지와 백성, 그리고 이 나라의 재산 모두를 범예왕에게 맡기겠노라. 왜냐하면, 이런 것들을 주지 않기 위해 전쟁을 한다면 아무것도 모르는 백성들이 그 때문에 죽거나 다쳐 나라가 황폐해지고 수많은 금은보화가 타버릴 것이다. 사랑하는 백성들을 위해 짐은 이웃 나라와 전쟁을 하지 않을 것이고, 또한 아무런 저항도 하지 않을 것이다."

하지만 대신들은 입을 모아 탄원했다.

"폐하, 부디 마음을 단단히 먹고 지금 당장 군사를 모아 국경 지역으로 보내주십시오. 저희는 전쟁에 대한 충분한 지식을 가지고 있사옵니다. 우리나라에 전혀 영향을 주지 않고, 또한 백성들이 조금도 피해를 입지 않도록 적군을 물리칠 자신이 있사옵니다. 놈들은 저희가 어느 정도의 힘이 있는지 알지 못합니다. 부디 이번 기회에 저희의 힘을 발휘할 수 있게 해주십시오. 놈들에게 뜨거운 맛을 보여주고 반드시 승리해 보이겠사옵니다."

그래도 장수왕은 여전히 허락을 하지 않았다.

"비록 우리가 이긴다 하더라도 이웃 나라 백성들이 죽거나 상처를 입어서는 안 된다. 우리나라나 이웃 나라나 모두 사람의 목숨이 아까운 것은 마찬가지다. 자신들만 좋으면 그만이라는 것은 옳지 않다."

하지만 혈기왕성한 신하들은 왕의 말을 거역하고 임금님을 혼자 궁에 남겨둔 채 서둘러 군대를 지휘하여 국경 지역을 향했다. 그리고 반대로 코살라 나라 쪽에서 먼저 선제공격을 하였다.

궁에 남겨진 장수왕은 전쟁의 결과는 양쪽이 상처를 입고 사상자가 늘어날 뿐이라고 생각했다. 그리고 어떻게 하면 이 전쟁을 멈추게 할 수 있을지 이리저리 궁리를 하였다. 그리고 궁리 끝에 자신의 아들인 왕자에게 이렇게 말하였다.

"잘 들어라. 대신들은 내 말을 듣지 않고 군대를 이끌고 국경 지역으로 갔다. 전쟁이 일어나면 반드시 사상자가 생기게 마련이다. 그것은 모두 우리 두 사람 때문에 일어난 일이다. 그래서 우리 둘만 사라진다면 전쟁은 자연스럽게 끝날 것이다. 많은 생명을 살리기 위해 나와 함께 이 나라를 버리고 산속으로 들어가자."

왕과 왕자는 어둠을 틈타 궁에서 빠져나와 어느 산속 깊은 곳으로 숨어버렸다. 그리고 머지않아 왕이 사라졌다는 소식이 국경에 있던 대신들의 귀에 들어갔다. 왕이 없다면 전쟁을 할 이유가 더는 없었다. 그렇게 전쟁은 끝났고 범예왕은 결국 코살라 나라를 자신의 것으로 만들어 버렸다. 하지만 범예왕의 입장에서는 장수왕을 죽이지 않고서는 안심을 할 수 없었다. 그래서 그는 '장수왕의 목을 가져오는 자에게는 큰 상을 내리겠노라.' 라고 전국 방방곡곡에 방을 붙였다.

이 무렵 장수왕은 어떻게 하고 있었을까?

어느 날, 장수왕이 산속 오솔길 가에 있는 나무그늘 아래에서 쉬고 있을 때 행색이 초라한 한 늙은 수행자가 지나가고 있었다. 그리고 같은 나무그늘 밑에 앉아 쉬게 되었다. 같은 나무그늘 아래에서 쉬게 된 두 사람은 자연스럽게 서로 대화를 나누기 시작했다.

"실례지만 당신은 어느 나라 사람입니까? 전에 뵌 적이 없는 것 같은데…. 저는 이 나라 사람이지만 약간의 문제가 있어 산속에서 살고 있습니다. 당신은 이제 어디로 갈 생각입니까?"

"아, 그렇습니까. 저는 먼 나라에서 왔습니다. 그리고 보다시피 가난한 수행자지요. 실은 제가 고향에 있을 때 이 나라 코살라에 장수왕이라는 왕이 매우 자비로워 가난한 사람에게 반드시 온갖 것들을 주신다는 소문을 들었습니다. 그래서 저도 그것들을 받아 가난한 생활을 청산하고 얼마 남지 않은 여생을 보내기 위해 먼 여행길을 떠나오게 되었죠. 장수왕이라는 분은 지금도 여전히 가난한 사람들에게 베풀어주고 계신가요? 여기서 이 나라 분을 만나게 된 것도 우연이 아니라고 생각합니다. 이제 제게 행운이 따를 것 같은 생각이 듭니다."

늙은 수행자는 약간은 불안해 보이는 표정으로, 그리고 희망을 품은 채 장수왕의 얼굴을 응시했다. 그의 말을 들은 왕의 마음은 과연 어땠을까? 이 사람은 자신을 의지하여 먼 길을 마다치 않고 찾아왔지만, 산속에 숨어 지내는 지금은 그에게 뭔가를 주기는커녕 자신조차 부족한 삶을 살고 있었다. 왕은 눈물을 흘리며 늙은 수행자에게 말했다.

"제가 바로 장수왕입니다. 이전에 저는 이 나라의 왕이었지만 이웃나라의 왕에게 나라를 빼앗기고 지금은 산속에 숨어 지내는 가난한 사람에 불과합니다. 보시다시피 제가 드릴 수 있는 것이 아무것도 없습니다. 그런데 멀리서 힘들게 저를 찾아온 당신에게 아무것도 드릴 수 없는 것이 너무나도 슬픕니다. 어떻게 하면 제가 당신을 만족하게 할 수 있을까요?"

두 사람은 서로 손을 잡고 눈물을 흘렸다.

하지만 잠시 뒤 왕은 갑자기 눈물 어린 얼굴을 들더니 단호하게 말했다.

"그래, 이번에 새로운 왕이 큰돈을 걸고 내 목을 찾고 있습니다. 제 목을 잘라서 가지고 가서 상금을 받으십시오. 저는 당신에게 제 목을 드리겠습니다."

수행자는 깜짝 놀라 눈만 깜박거리며 두 손을 저으며 소리쳤다.

"그게 무슨 말씀이십니까? 당신이 목을 내어준다고 해서 제가 당신의 목을 칠 수가 있겠습니까? 저는 당신이 자비롭다는 소문을 듣고 약간의 도움을 받으려 찾아왔지만, 당신의 목숨과 맞바꿔 얼마 남지 않은 여생을 편히 보낼 생각은 없습니다. 제가 운이 나빴을 뿐입니다. 누구도 원망하지 않습니다. 그저 운이 나쁘다고 여기고 왔던 길을 되돌아가 고향으로 돌아가겠습니다."

수행자는 이렇게 말하고 일어섰다. 하지만 왕님은 그의 소맷자락을 붙잡고 말했다.

"인간은 언제 죽을지 모릅니다. 어차피 저는 머지않아 누군가의 손에 의해 새 임금님 앞에서 죽을 몸입니다. 어차피 죽을 목숨이라면 모르는 사람의 손에 처참하게 살해당하는 것 보다는 당신의 손으로 제 목숨을 끊어주십시오. 그리고 제 목을 당신을 위해 쓰십시오. 그렇게 거절할 필요가 없습니다. 제 목을 가지고 가서 포상금을 받으십시오. 멀리서 나를 의지하여 찾아온 당신에게 마지막 은혜를 베풀 수 있게 해주십시오."

이렇게까지 나오니 늙은 수행자도 더 이상 뿌리치고 갈 수가 없었다. 그는 하는 수 없이 다시 앉으면서 말했다.

"무슨 말씀이신지 잘 알았습니다. 그리고 당신의 마음은 정말로 고맙게 생각하고 있습니다. 하지만 당신의 목을 제 손으로 베는 것은 늙어서 힘이 없는 제게는 도저히 불가능한 일입니다."

"그렇군요. 그럼 이렇게 하지요. 저를 묶어 왕에게로 데려가 주세요. 그 정도는 당신이라도 할 수 있는 일 아닙니까?"

늙은 수행자는 더는 거절을 할 수가 없었다. 두 사람은 자리에서 일어나 함께 궁을 향해 걸어갔다. 그리고 궁전 문이 보이는 곳까지 오자 장수왕은 수행자에게 자신을 묶도록 하여 함께 문 안으로 들어갔다. 장수왕은 이렇게 붙잡힌 몸이 되었다.

범예왕은 뛸 듯이 기뻐했다. 당장에 수행자를 불러 산더미 같은 상금을 수행자에게 주었다. 그리고 이것을 받은 늙은 수행자는 어두운 낯빛으로 풀이 죽은 채 천천히 왔던 길로 되돌아갔다.

이렇게 해서 새 왕에게 사로잡힌 장수왕은 광장에서 공개 처형에 처하게 되었다. 하지만 이 소식을 들은 장수왕의 신하였던 대신들이 새로운 왕 앞으로 가서 머리를 땅에 조아리고 부탁을 하였다.

"이 분은 전에 저희의 왕이셨습니다. 하지만 운이 나빠 광장에서 공개 처형을 당할 처지가 되었습니다. 저희는 결코 폐하의 명령을 거역하고 이 분의 목숨을 구명해 달라고 간청할 생각은 추호도 없습니다. 하지만 살아 있는 동안이라도 음식을 대접하고 싶습니다. 그리고 이 분의 시신을 저희가 수습하게 하여 주십시오. 넓으신 아량으로 허락해 주시기를 간청 드립니다."

신하들이 이렇게 간청을 하니 새로운 왕도 어쩔 수 없이 허락할 수밖에 없었다. 그렇게 해서 신하들은 눈물을 흘리며 인정이 많았던 옛 주인에게 진수성찬을 차려드렸다. 그리고 장수왕도 신하들의 마음을 기꺼이 받아들였다. 물론 이 모습을 지켜본 옛 백성들도 모두 눈물을 흘리며 장수왕의 죽음을 애통해 했다.

한편 아버지가 갑자기 사라져 걱정을 하던 왕자는 산에서 내려와 행인들에게서 이 소식을 전해 듣고 심한 충격을 받았다.

왕자는 서둘러 산으로 돌아가 장작을 패서 짊어지고 나무꾼으로 변장하고 궁 안으로 들어갔다. 그리고 아버지가 처형을 당할 광장으로 가서 구경꾼들을 헤치고 아버지 앞에 나섰다. 그러자 아버지는 초라한 행색으로 큰 기둥에 묶여 있는 것이 아닌가! 그리고 처참한 화형이 당장에 거행되려 하고 있었다. 왕자는 슬픔과 분노로 창자가 끊어질 것 같았다.

바로 이때 장수왕이 왕자의 모습을 발견했다. 왕자가 걱정된 장수왕은 조용히 하늘을 우러러보며 혼잣말을 하듯이, 하지만 왕자의 귀에 들릴 정도로 또렷하고 천천히 말했다.

"부모의 말을 따르는 것은 가장 중요한 자식 된 도리이다. 나는 결코 원한을 품고 죽는 것이 아니다. 기꺼이 죽는 것이다. 혹시라도 나를 위해 복수를 한다면 그것은 고결하고 즐거운 나의 죽음을 피로 더럽히게 하는 것이다. 그리고 복수는 또다시 복수를 낳아 영원히 반복될 것이다. 결코, 나를 위해 사람을 죽여서는 안 된다. 이것이 나의 마지막 유언이다."

이렇게 장수왕은 불에 타 죽었다. 왕자는 아버지의 죽음을 차마 볼 수가 없어서 산으로 달려갔다. 물론 장수왕의 주검은 그의 신하들에 의해 정중하게 장례가 치러졌다.

산으로 돌아온 왕자는 아버지의 유언을 따라야 할지, 아니면 복수를 해야 하는지 몇 날 며칠을 고민했다. 그리고 결국 자신의 마음속에 억누를 수 없는 생각을 따르기로 했다. 그렇다. 아버지의 유언을 따르지 않고 복수를 하기로 한 것이다.

"분명 아버지는 성인이셨어. 아낌없이 자신의 나라를 이웃 나라 왕에게 넘겼고, 게다가 자신의 목숨까지 서슴지 않고 던지셨지. 그리고 죽음을 눈앞에 두고도 복수해서는 안 된다는 교훈을 남기셨어. 누구와도 비교가 안 될 만큼 위대한 성인이셨어. 반대로 범예왕은 어떤가? 성인이신 아버지를 죽이고도 전혀 후회하지 않고 있어. 아버님은 이런 그를 용서하라고 하셨지. 하지만 나는 절대로 용서할 수가 없어. 난폭하고 악랄한 범예왕을 죽이는 건 내 사명이야. 무슨 수를 쓰더라도 놈을 죽여야 해. 복수 해야 해."

젊은 왕자는 고민 끝에 결국 새 왕을 죽이기로 했다.

왕자는 다시 산에서 내려와 천한 일꾼으로 위장하여 왕의 가까이에 갈 수 있는 날을 기다렸다. 그렇게 처음에는 대신의 정원사가 되어 살았다. 대신은 집안의 정원을 관리하는 일꾼들에게 채소 씨앗을 뿌리도록 명령하였다. 왕자가 그 일을 맡아 하게 되었고 그 씨앗은 매우 훌륭하게 자랐다.

어느 날, 대신이 정원으로 나가 보니 아주 잘 자란 채소들이 있었다. 일꾼들에게 물어보고 최근에 들어온 젊은 정원사가 재배한 것이라는 것을 알게 된 대신은 곧바로 그 젊은이를 불렀습니다. 그리고 왕자를 보고 한눈에 영리해 보이는 젊은이가 마음에 들었다.

"어떤가, 자네는 요리할 줄 아는가?"

대신은 왕자를 정원사로 쓰기에는 아깝다는 생각이 들어 이렇게 물었다. 왕자는 머뭇거리지 않고 대답했다.

"제가 제일 잘하는 것이 요리입니다."

이렇게 해서 밭을 가꾸던 왕자는 부엌에서 칼을 쥐게 되었고, 원래부터 손재주가 좋았던 왕자는 맛있는 요리를 만들어 대신의 칭찬을 받을 정도였다.

그러던 어느 날의 일이었다. 대신은 자신의 집으로 왕을 초대하게 되었다. 물론 대신은 자신의 자랑거리인 요리를 왕에게 대접한 것은 당연한 일이다. 왕은 음식이 너무나도 맛이 있어서 대신에게 물었다.

"정말 잘 먹었소. 음식이 정말 맛이 있었는데 대체 누가 만든 거요?"

대신은 왕자를 데리고 와서 이 젊은이가 만들었다고 말했다. 왕은 왕자의 음식이 매우 마음에 들었기 때문에 왕자를 궁의 주방장으로 임명했다. 왕자의 수려한 외모와 영리하고 싹싹한 성격이 너무나 맘에 든 범예왕은 이 젊은이를 자신의 호위무사로 임명하고 싶어 장생 왕자에게 이렇게 물었다.

"너는 검술을 배운 적이 있느냐?"

왕자는 마음속으로 '됐어!'라고 외쳤다.

"네, 배운 적이 있사옵니다."

범예왕은 장생 왕자를 자신의 호위무사로 항상 곁에 두고 자신을 지키라고 명령했다. 그리고 왕자의 귀에 이렇게 속삭였다.

"실은 내게는 적이 있다. 이전에 처형한 장수왕의 아들 장생 왕자라는 녀석이 내 목숨을 노리고 있다. 녀석은 내게는 매우 위험한 존재이다. 하지만 이젠 너처럼 영리한 무사가 곁에서 지키고 있으니 안심하고 잘 수 있다."

자신의 앞에 있는 사람이 장생 왕자라는 것도 모르고 범예왕은 자신의 목숨을 왕자에게 맡긴 것이다.

"잘 알겠습니다. 폐하를 위해 목숨을 던져 지켜드리겠습니다."

왕자는 자신이 누군지도 모른 채 목숨을 맡기고 있는 범예왕을 한심하게 생각하면서 태연하게 대답했다.

이렇게 해서 범예왕은 더욱더 왕자를 신뢰하게 되었다. 왕자는 범예왕을 불쌍한 놈이라고 생각했지만, 결코 복수심을 잃지는 않았다. 왕자는 기회만 노리고 기다렸다.

어느 날, 왕은 왕자를 돌아보며 가볍게 왕자에게 말을 걸었다.

"너는 사냥을 좋아하느냐?"

"네, 저는 어릴 적부터 사냥을 매우 좋아했습니다."

왕자는 주저하지 않고 대답했다. 그러자 왕은 신하들에게 곧바로 사냥 준비를 명하였다. 그렇게 해서 왕과 왕자는 많은 신하들의 호위를 받으며 긴 행렬을 이루어 궁전을 나왔다. 행렬은 문을 빠져나와 마을을 지나고 들판을 가로질러 산기슭에 당도하였다.

드디어 사냥이 시작되었다.

범예왕과 장생 왕자 두 사람은 적당한 사냥감을 발견하고 정신없이 쫓다 보니 점점 산속 깊이 들어가 결국은 방향을 잃고 말았다. 두 사람은 삼일 밤낮을 산속에서 헤맸지만, 사람들이 사는 마을을 찾을 수가 없었다. 배고프고 지치고 기운이 빠져 한 발짝도 움직이기 싫어진 삼 일째 밤에 두 사람은 숲으로 들어가 말에서 내려 풀밭에 앉았다. 범예왕은 허리춤에 차고 있던 칼을 뽑아 장생 왕자에게 건네며 말했다.

"네 무릎을 좀 빌리자. 잠시 쉬고 싶구나."

왕은 완전히 피로에 지쳐 장생 왕자의 무릎을 베고 업어 가도 모를 정도로 깊은 잠이 들었다.

실은 길을 잃었다는 것은 거짓말이었다. 왕자는 이전에 산속에서 숨어 살던 경험이 있었기 때문에 산속 지리를 잘 알고 있었다. 그리고 범예왕을 속여 이 숲 속으로 데리고 온 것이었다. 왕자는 매우 기뻤다. 오랜 세월 동안 기다려온 기회가 찾아온 것이다. 이제 아버지의 원수를 갚을 수 있게 된 것이다.

왕자는 살며시 칼을 뽑아들면서 두근거리는 가슴을 억누른 채 범예왕을 찌르려 했다. 바로 그 순간 왕자의 뇌리에는 아버지의 마지막 유언이 전광석화처럼 스쳐 지나갔다. 숭고한 아버지의 가르침이 이 순간이 되어서야 왕자의 마음을 흔들어 놓았다.

왕자는 황급히 칼을 칼집에 넣었다. 바로 그때 범예왕이 갑자기 눈을 뜨면서 말을 했다.

"휴, 다행이다. 악몽을 꾸었군. 장수왕의 아들이 나를 죽이러 와서 깜짝 놀라 심장이 멎는 것 같아 눈을 떴다. 대체 무슨 일일까?"

장생 왕자는 감정을 억누르며 평온한 표정으로 말했다.

"그것은 아마도 산속에 사는 악마의 장난 때문일 것입니다. 제가 곁에서 지키고 있으니 아무런 걱정이 없습니다. 편안하게 쉬십시오."

범예왕은 피곤했기 때문에 다시 잠이 들었다. 왕자는 다시 칼을 뽑아 들고 찌르려 했지만, 이번에도 죽은 아버지의 마지막 유언이 떠올라 도저히 찌를 수가 없어 다시 칼을 칼집에 넣었다. 그러자 왕이 다시 눈을 뜨고 부들부들 떨면서 말했다.

"장생 왕자가 나를 찌르려는 꿈을 꾸었다. 대체 무슨 일일까?"

"산속에 살고 있는 악마의 장난이 틀림없습니다. 결코 무서워할 일이 아닙니다."

장생 왕자는 이렇게 말하며 범예왕을 안정시켰다. 왕은 다시 안심하고 잠에 빠져들었다. 왕자는 이번에야말로 용기를 내서 범예왕의 가슴에 칼을 댔지만, 이번에도 역시 아버지가 마지막에 하늘을 우러러보며 조용히 말씀하셨던 말이 강하게 마음속에 되살아나 도저히 찌를 수가 없었다. 결국 왕자는 범예왕 죽이기를 단념하고 칼을 던져버렸다. 바로 그때 범예왕이 세 번째로 꿈에서 깨어나 말했다.

"또다시 장생 왕자가 나를 죽이러 나타났다. 하지만 이번에는 칼을 버리고 나를 죽이지 않겠다는 꿈이었다. 대체 어떻게 된 걸까?"

그러자 장생 왕자는 범예왕에게 지금까지의 모든 사실을 털어놓았다.

"폐하, 제가 바로 장수왕의 아들인 장생 왕자입니다. 저는 아버지의 원수를 갚기 위해 폐하께 접근했습니다. 하지만 아버지께서 죽음을 앞두고 제게 마지막 유언을 남기셨습니다. 결코 당신을 위해 복수를 해서는 안 된다고 말입니다. 복수는 복수를 낳아 영원히 반복될 거라면서요. 제 아버지의 원수를 갚는다면 아버지의 숭고한 죽음은 복수의 피로 얼룩질 것이라고요. 절대로 복수를 위해 사람을 죽여서는 안 된다. 아버지는 이렇게 말씀하시고 돌아가셨습니다. 하지만 아버지의 교훈을 따르지 못하고 지금 당신을 죽이려 했습니다. 그러니 저를 죽여주십시오. 그렇게 해서 도저히 풀 수 없는 제 가슴속의 한을 풀어주십시오."

왕자는 이렇게 말하고 범예왕에게 몸을 맡겼다. 제아무리 범예왕이라 할지라도 이 말을 듣고서는 완전히 잠이 깼다. 그리고 지금까지 자신이 저지른 일들이 얼마나 나쁜 짓이었고, 어리석은 짓이었는지를 마음속 깊이 후회하였다. 범예왕은 왕자의 손을 잡고 눈물을 흘리면서 진심으로 사죄하였다.

"왕자, 진심으로 그대에게 사죄합니다. 내가 지금까지 저지른 일들은 스스로 생각해 봐도 잔혹한 악행이었소. 그렇게 훌륭하신 성인을 알아보지 못하고 화형으로 죽여 버리고 말았소. 그리고 죽은 왕의 왕자가 지금 원수의 목숨 줄을 쥐고 있으면서도 아버지의 숭고한 가르침에 따라 나를 죽이지 않았소. 나는 그대들 부자의 신처럼 신성한 행동 덕분에 전혀 새로운 세상을 맞이하게 되었소. 부디 내 죄를 용서해 주시오."

범예왕은 눈물범벅이 된 얼굴로 두 손을 땅에 대고 진심 어린 목소리로 용서를 구했다. 그리고 서로 허심탄회하게 이야기를 나누고 용서를 한 두 사람의 사이에는 더 이상의 원망과 증오는 깨끗이 사라져 버렸다.

힘겹던 밤이 지나고 따사로운 햇볕이 나무들 사이로 흘러들어와 숲 속을 비춰주었다. 두 사람은 풀밭에 앉아 아침 햇볕을 맞으며 서로 아무 말도 하지 않은 채 두 손을 꽉 잡았다.

두 사람은 숲을 빠져나와 산에서 내려갔다. 산기슭에는 아직도 많은 신하들이 두 사람을 찾기 위해 이리저리 동분서주하고 있었다. 그리고 두 사람을 발견하자 기뻐하며 모여들었다. 두 사람은 먼저 아침 식사를 했다. 삼일 밤낮을 산속에서 헤맸기 때문에 피곤하고 배가 고팠기 때문이다.

맛있게 식사를 마치고 겨우 기운을 차린 왕은 장생 왕자를 가리키며 신하들에게 물었다.

"이 사람이 누군지 아느냐?"

신하 중에는 과거에 왕자의 은혜를 입은 사람도 적지 않았기 때문에 만약 장생 왕자라고 말해버리면 혹시라도 왕자가 위험에 처할 수도 있을 것이라 걱정하여 모두 다 입을 모아 이렇게 말했다.

"아니요, 누군지 모릅니다."

범예왕은 신하들의 얼굴을 하나씩 살펴본 뒤 조용하고 또렷한 목소리로 말했다.

"이 분은 장수왕의 아드님이신 장생 왕자요. 오늘 나는 카시로 돌아가고 코살라 나라를 왕자에게 돌려주겠소. 그리고 앞으로 우리 두 사람은 형제가 되어 서로 돕게 될 것이오."

범예왕은 이렇게 말하고 지금까지 있었던 일을 모두에게 털어놓았다. 이 말을 들은 신하들과 백성들은 당연히 크게 기뻐했다.

사람들은 입을 모아 이렇게 말하였다.

"돌아가신 장수왕은 정말로 훌륭하신 분이었어. 성인은 바로 장수왕 같은 분이야."

범예왕은 자신의 나라로 돌아갔고 장생 왕자는 코살라의 왕이 되었다. 이 두 나라는 그 후로 오랫동안 형제의 나라로서 친밀한 교류를 나누었다.

(增一阿含經)

증일아함경 增一阿含經

총51권 52품 472경으로 이루어졌으며 중아함경을 번역한 구담승가제바(瞿曇僧伽提婆)가 번역하였다. 네 가지 이치라는 4제를 비롯하여 다섯 가지 계율, 여섯 가지 요소, 여덟 가지 바른 길, 열 가지 생각 등 숫자로 된 교리의 항목들을 들면서 그것들을 배우고 닦아야 일체 번뇌를 없애고 안락을 얻는 열반에 들 수 있다고 설법하였다.

장님 왕자님

부처님이 돌아가시고 백 년 정도 뒤, 인도에 아소카라는 임금님이 있었다. 이 임금님은 전쟁에 매우 강해서 이 나라 저 나라를 공격하여 결국에는 인도 전체의 대왕이 되었다.

임금님은 마지막으로 카링가국을 정복하고 말 그대로 인도 전체의 왕이 되었다. 하지만 갑자기 모든 것이 부질없다고 느끼게 되면서 불교를 믿게 되었고 사람들을 위해 수많은 정치를 펼쳤다. 그러던 어느 날, 나라 곳곳에 팔만사천 개의 탑을 세우게 되었다.

그리고 얼마 되지 않아 왕비님은 옥처럼 아름다운 사내아이를 나았다. 그리고 이 왕자는 정말로 아름다운 눈을 하고 있었다. 임금님은 매우 기뻐하면서 당장에 신하들을 불러 모아 자랑을 하였다.

"어떤가, 그대들은 왕자의 눈만큼 아름다운 것을 본 적이 있는가?"

"폐하, 저희는 이렇게 아름다운 눈을 본적이 없사옵니다."

대부분 신하들은 이렇게 대답하였다. 그런데 신하 중에는 아는 것이 많은 사람이 임금님 앞으로 나서며 대답하였다.

"폐하, 히말라야 산속 깊은 곳에 구나라라고 하는 아름다운 눈을 가진 작은 새가 있는데 왕자님과 매우 닮은 것 같사옵니다."

그렇게 하여 왕자를 구나라라고 부르게 되었다.

아름다운 눈을 가진 구나라 왕자는 임금님의 총애를 받으며 쑥쑥 자랐다. 행복한 왕자님, 눈이 아름다운 왕자님, 그것은 백성들에게는 정말로 즐거운 일이었다.

어느 날, 아소카 왕은 구나라 왕자를 데리고 인도의 수많은 사찰 중에서도 특히 훌륭한 계두사라는 절에 불공을 드리러 갔다가 야차라고 하는 스님을 만났다. 그리고 오랜 수행을 쌓은 스님은 왕자의 얼굴을 보자마자 이렇게 중얼거렸다.

"정말 안 됐군."

임금님은 이 스님을 매우 신뢰하고 있었기 때문에 그의 말을 듣고 깜짝 놀라며 물었다.

"스님, 지금 뭐라고 하셨나요?"

"폐하께서는 불교를 믿으며 백성들을 위해 훌륭한 정치를 펼치고 계십니다. 그런데 어째서 왕자님께는 불교에 대해 말씀해 주시지 않았나요?"

"실은 그러려고 오늘 이렇게 왕자를 데리고 온 것입니다."

임금님은 그렇게 말하고 왕자의 귀에 속삭였다.

"이 스님은 인도에서 가장 수행을 많이 쌓으신 훌륭한 분이시다. 그러니 오늘은 차분하게 스님의 가르침을 배워라."

왕자는 스님 앞으로 나가 경건하게 절을 했다.

스님이 갑자기 혼잣말한 것도 다 이유가 있었다. 스님은 머지않아 왕자의 아름다운 눈이 멀 것이라는 것을 이미 알고 있었다.

스님은 왕자의 머리를 쓰다듬으면서 조용히 말하였다.

"왕자님, 이 세상의 모든 것은 영원한 것이 없습니다. 무엇 하나 영원히 변하지 않는 것이 없습니다. 오늘이랬다고 해서 내일도 그럴 것으로 생각해서는 안 됩니다. 세상 사람들이 부러워하는 왕자님의 눈 역시 영원한 것이 아니기 때문에 언제까지나 아름다운 눈을 계속 가질 수 있다고 생각해서는 안 됩니다. 세상의 모든 고민은 자신이, 자신의 재산이, 자신의 명예가 영원하기를 바라지만 언젠가는 사라져버리기 때문에 발생하는 것입니다. 또한, 그렇게 '영원한 것이 아니다.' 라고 하는 것을 모른 채 영원할 것이라고 착각하기 때문에 모든 고뇌가 생겨나는 것입니다. 왕자님, 그러니 하루라도 빨리 그러한 고뇌와 고통이 없는 경지에 도달할 수 있도록 마음의 수양을 쌓아야 합니다."

왕자는 현명했기 때문에 스님이 하는 말을 잘 이해할 수 있었다.

그날부터 왕자는 매일 조용한 방에 혼자 앉아서 생각했다. 고뇌와 고통이 없는 최고의 경지는 어떤 것인지, 그런 경지에 도달하기 위해서는 어떤 수행을 쌓는 것이 좋을지 등에 대하여 끝없이 추구하였다.

그런데 임금님에게는 젊은 후궁이 몇 명 있었다. 그중에 한 후궁은 왕자의 아름다운 눈에 반해 왕자가 매우 좋아 참을 수가 없었다. 하지만 스님의 가르침을 받은 왕자의 마음을 전혀 움직일 수가 없었다. 후궁은 자신이 마음먹은 대로 되지 않자 결국 왕자에게 원한을 품게 되었다.

당시 인도의 북쪽에는 타키시라라고 하는 나라가 있었다. 그리고 임금님이 인도 전체를 통치하게 된 이후로도 이 나라에서는 이따금 반란이 일어나곤 하였다. 임금님은 이 반란을 잠재우기 위해 직접 정복에 나서려 했지만, 대신들은 임금님의 나이가 많으니 훌륭한 왕자를 대신 보내도록 간청하였다. 임금님은 사랑스러운 왕자를 먼 나라에 보내는 것이 싫었지만 대신들의 말에도 일리가 있었기 때문에 하는 수 없이 승낙하였다.

　왕자는 임금님과 작별을 하고 먼 타키시라로 갔다. 그런데 희한하게도 어디를 가나 왕자를 크게 반기며 반역이 잦아들었다. 왕자가 의아하게 생각하며 궁 안으로 들어가자 사람들은 왕자 앞에 무릎을 꿇고 이렇게 말하는 것이었다.

　"구나라 왕자님, 저희는 이렇듯 왕자님을 환영하고 있습니다. 사실 저희가 반역을 일으킨 것은 대왕 폐하나 왕자님께 무슨 원한이 있어서가 아닙니다. 단지 대왕 폐하께서 이 나라에 임명하신 대신들이 저희를 너무나 고통스럽게 해서 그에 대한 불만을 표출한 것에 불과합니다. 왕자님께서 이 나라를 통치해 주신다면 저희에게 그 이상의 행복은 없을 것입니다."

　한편 본국의 임금님의 신변에 변화가 일어났다. 임금님이 중병에 걸리고 말았다. 그런데 그 병이란 것이 너무나 더러운 것이어서 입속에서는 분뇨와 같은 것이 흘러나왔고, 몸 전체의 땀구멍에서도 악취가 나는 체액이 흘러나오는 것이었다. 임금님은 이 병 때문에 나날이 쇠약해지고 있었다. 그러자 임금님은 대신들을 불러놓고 말하였다.

"내 병은 보다시피 쉽게 나을 수 있는 것이 아니다. 나는 더는 치료를 원하지 않으니 어서 구나라 왕자를 불러와서 대를 잇도록 하고 싶다."

이 말을 듣고 가장 놀란 사람은 이전부터 왕자를 좋아했던 젊은 후궁이었다. 그도 그럴 것이 왕자가 먼 나라에 가 있을 때는 괜찮았지만 돌아오게 되면 모든 사실이 밝혀져 벌을 받게 되는 것이 당연했기 때문이었다. 젊은 후궁은 이리저리 궁리 끝에 임금님에게 말하였다.

"폐하, 폐하의 병을 제가 고치게 해 주세요."

젊은 후궁에게는 묘책이 있었다. 임금님의 허락이 떨어지자 임금님을 간호하고 있던 의사를 당장에 쫓아내고 다른 의사를 불러 이렇게 시켰다.

"폐하와 똑같은 병에 걸린 사람을 찾아 데려오시오."

의사는 후궁의 말에 따라온 나라를 뒤졌다. 그리고 멀리 작은 나라의 촌구석에서 임금님과 똑같은 병에 걸린 환자를 찾아냈다.

"좋은 약을 줄 테니 나를 따라 오너라."

의사는 이렇게 말하고 환자를 궁으로 데리고 왔다.

후궁은 이 환자를 아무도 없는 곳으로 데려가 죽이고 배를 갈라보았다. 그러자 내장 속에서 커다란 벌레가 나타났다. 그 벌레가 움직일 때마다 더러운 액체가 흐르고 있었다.

"그래, 이거야!"

후궁은 이렇게 소리치며 그 벌레를 도망치지 못하도록 병에 넣었다. 그리고 벌레에게 홋추가루를 뿌려 보았지만 벌레는 죽지 않았다. 이번에는 마른 생강을 뿌려 보았지만 역시 죽지 않았다. 이것저것 온갖 약들을 벌레에게 뿌려보았지만 벌레는 꿈쩍도 하지 않고 아무렇지 않다는 듯이 기어 다녔다. 후궁은 마지막으로 커다란 부추를 벌레 옆에 놓아 보았다. 그러자 벌레는 힘이 빠지더니 죽어버리고 말았다.

"바로 이거야!"

후궁은 소리쳤다. 그리고 임금님에게 부추를 먹으라고 권했다.

"어째서 내가 그런 하찮은 것을 먹어야 하느냐?"

임금님은 불쾌해 했지만 후궁은 억지로 권하였다.

"죄송합니다, 폐하. 하지만 그것은 폐하의 병을 고치고 싶기 때문입니다. 싫으시더라도 드셔야만 합니다."

임금님은 하는 수 없이 부추를 먹었다. 그런데 얼마 지나지 않아 임금님의 병이 거짓말처럼 나았다. 임금님이 매우 기뻐한 것은 두말할 필요도 없는 일이었다.

"네 덕분에 병이 완쾌되었구나. 내 큰 상을 내릴 터이니 뭐든 원하는 것을 말해 보거라."

젊은 후궁은 내심 때가 됐다고 쾌재를 부르며 이렇게 말하였다.

"폐하, 아무런 바람도 없지만 단 한 가지, 딱 일주일만 제게 나라의 통치권을 주십시오."

임금님은 깜짝 놀랐다.

"그게 무슨 말이냐! 너는 나를 죽이고 이 자리에 앉겠다는 것이냐?"

"그럴 리가 있겠습니까. 폐하의 병을 고친 제가 폐하를 죽일 리가 없지 않습니까. 폐하, 농담이 지나치십니다. 게다가 제가 말씀 드린 것은 단 일주일에 지나지 않습니다. 일주일이 지나면 다시 제자리로 돌아가겠습니다."

임금님도 죽음에서 자신을 살려주었기 때문에 어떻게 할 도리가 없었다. 결국 젊은 후궁의 황당한 소원이 이루어지고 말았다.

후궁은 자신의 방으로 돌아와 기분 나쁘게 묘한 미소를 지었다. 그리고 책상 앞에 앉아 한 통의 편지를 쓰기 시작하였다.

"나는 왕이다. 내 위광(威光)을 두려워 할지다. 그리고 너희들은 내 명령에 절대로 복종하여야만 한다. 구나라 왕자는 죄인이다. 너희들은 왕자의 두 눈을 뽑아버려라. 만약에 명령을 어길 시에는 내 분노의 증표로 타키시라에 군대를 파견하게 될 것이다. 그리고 너희는 내 힘이 얼마나 무서운 것인지를 깨닫게 될 것이다. 아소카 왕의 이름으로 너희에게 명하노라."

젊은 후궁은 이렇게 적은 편지를 봉투에 넣어 왕에게로 갔다. 마침 그때 임금님은 잠이 들어 있었지만 갑자기 눈을 번쩍 뜨면서 몸을 떨었다.

"대체 이게 무슨 일인가!"

후궁은 깜짝 놀랐지만 내색을 하지 않고 물었다.

"무슨 일이십니까?"

"정말 무서운 꿈을 꾸었다. 커다란 독수리가 구나라의 눈을 쪼아 먹고 있는 것이 아니냐!"

"호호호, 폐하. 그냥 꿈에 지나지 않습니다. 왕자님은 타키시라에 무사히 계세요."

임금님은 다시 꾸벅꾸벅 졸기 시작했다. 그리고 잠시 뒤 다시 벌떡 일어났다.

"대체 이게 무슨 일이냐!"

임금님은 비명을 질렀다.

"폐하, 진정하세요."

"구나라 왕자가 머리카락과 손톱을 길게 기른 채 거지꼴을 하고 있는 것이 아니냐. 그런데 아무 말도 하지 않는구나."

"폐하, 왕자님은 타키시라에서 무사히 지내고 계세요."

임금님은 다시 꾸벅꾸벅 졸기 시작했다. 그러자 후궁은 몰래 편지를 꺼내 임금님의 옥새를 몰래 훔쳐내서 편지 위에 찍었다. 그리고 방에서 몰래 빠져나왔다.

젊은 후궁은 서둘러 전령을 불렀다.

"폐하의 명령이다. 이것을 타키시라의 대신에게 건네 거라."

전령은 말에게 채찍질을 하며 서둘러 타키시라로 향했습니다. 그리고 사람들에게 편지를 건넸습니다. 사람들은 편지를 펼쳐보고 깜짝 놀랐다.

"대체 이게 무슨 일인가! 이건 왕자님께 고할 수가 없어."

"맞아, 하지만 아소카 대왕 폐하는 정말 무서운 분이군. 자신의 아들조차 믿지 않다니 말이야. 왕자님의 아름다운 눈을 뽑아버리라니 정말 무서운 왕이야."

"그러니 명령에 따르지 않는다면 무슨 봉변을 당할지 몰라."

"그래, 맞아. 정말 난폭한 분이시니까. 무슨 일을 당할지 몰라. 이렇게 된 이상 왕자님께는 미안한 일이지만 남의 나라에서 온 왕자님 때문에 우리나라의 백성들이 고통을 받아서는 안 돼. 이 편지를 왕자님께 보여 드리는 게 어떨까?"

결국 사람들은 편지를 왕자에게 보여주었다.

왕자는 그 편지를 보고 처음에는 깜짝 놀랐지만 이미 오래 전에 스님이 했던 말을 떠올렸다.

"그래, 세상의 모든 것은 언젠가 사라지게 된다고 스님이 말씀하셨지. 언젠가 사라질 것을 알면서도 그것에 집착하는 것은 내 마음을 흐리게 하는 거야. 영원히 변하지 않는 것은 하나도 없어. 내 눈도, 내 생명조차도 영원할 수가 없어. 그래, 그런 모든 것을 깊이 새겨야만 해. 당연한 일 아닌가? 그리고 당연하다는 것을 안 이상 눈이 없어진다고 해서 조금도 무서워할 게 없어. 나는 그 어떤 것도 두려워해서는 안 돼."

왕자는 결심을 굳혔다. 그리고 사람들에게 이렇게 말하였다.

"내 눈을 그대들에게 주겠소."

사람들은 소나 말을 잡는 백정을 불러 왕자의 눈을 뽑으려 했다. 하지만 백정은 왕자 앞에 나서자마자 고개를 푹 숙이고 말았다.

"아름다운 보름달의 빛을 빼앗을 수 있는 사람이 있다면 이 달처럼 빛나는 왕자님의 아름다운 눈을 빼앗을 수 있을 것입니다. 저는 도저히 할 수 없습니다."

사람들은 다시 몇 푼의 돈을 빼앗기 위해 살인을 한 거친 사내를 데리고 왔다. 그는 정말 난폭한 악당이었다. 그는 이렇게 말하였다.

"정말 괜찮다면 제가 가져가겠습니다."

왕자는 그 사내를 보고 조용히 말하였다.

"그거 잘 되었구나. 먼저 내 오른쪽 눈을 뽑거라."

악귀와 같은 사내는 왕자의 오른쪽 눈을 뽑아 왕자의 손바닥 위에 올려놓았다. 이 모습을 지켜보던 사람들은 슬픔에 깊은 탄식을 하였다.

그렇게 악귀와 같은 사내는 다시 왼쪽 눈을 뽑아 이번에도 왕자의 손바닥 위에 올려놓았다. 이렇게 해서 구나라 왕자는 결국 장님이 되고 말았다.

장님이 된 왕자는 이제 정치를 할 수가 없게 되었다. 왕자는 취미 삼아 연주하던 거문고를 들고 떠돌이 악사가 되었다. 왕자가 연주하는 악기 소리는 너무나도 아름다웠다. 또한 왕자의 노랫소리는 사람들의 심금을 울려주었다.

이렇게 떠돌이 악사가 된 왕자는 악기를 연주하면서 이 나라 저 나라로 떠돌았다. 그리고 왕자의 발길은 자연스럽게 고향땅을 밟게 되었다. 눈이 보이지 않는 탓에 아소카 왕의 왕궁 앞인 줄도 모른 채 왕자는 악기를 연주하며 노래를 불렀다.

세상 모든 것은 사라져 간다.
사람들이여, 너무 슬퍼하지 마라.
나는 눈을 잃었지만
덕분에 마음의 눈을 뜨게 된 것 같다.
부처님의 목소리를 들어라, 인생이란 무엇인지 깊이 생각하라.
모든 것은 무상하다, 무엇 하나 영원한 것이 없다.
그리고 사람들은 어둠 속에서 고통스러워하며 고뇌한다.
하지만 이 어둠을 비춰주는 빛이 있다. 그것은 지혜의 눈이자 마음의 눈이다.

이 노랫소리는 임금님의 귀에도 들어갔다.

"저 목소리는 뭐지? 구나라 왕자의 목소리를 닮았군."

떠돌이 악사는 임금님 앞으로 불려갔다. 두 눈은 뽑혀 장님이 되었고, 얼굴은 햇볕에 그을려 검게 탔고, 바싹 마른 몸에는 풀과 누더기로 꿰맨 얇은 옷을 입고 있는 구나라 왕자를 제아무리 임금님이라 해도 알아보지 못했다.

"네 노래는 정말 아름답구나. 어디에서 온 누구이더냐?"

떠돌이 악사는 보이지 않는 눈을 조용히 깜박였다.

"임금님이십니까? 저는 왕자였던 적이 있었습니다. 이전에는 아소카 대왕 폐하의 왕자였습니다."

"구나라란 말이냐?"

"그렇습니다."

대왕은 너무 놀라 쓰러지고 말았다. 그리고 신하들이 얼굴에 찬물을 적시고서야 겨우 정신을 차리고 부자지간에 서로 꽉 껴안았다.

왕은 괘씸한 후궁을 내쳤으나 왕자의 모습은 더 이상 궁 안에서는 볼 수 없게 되었다. 그리고 인도 전역을 떠도는 한 떠돌이 악사가 있었다. 그 악사는 아름다운 목소리로 전국을 떠돌며 훌륭한 가르침을 노래했다. 두말할 필요 없이 그 사람은 바로 구나라 왕자였다.

세상에 영원히 변치 않는 것은 없다.

왕의 자리도, 재산도, 명예도, 풍요로움도

나는 맹인이다. 하지만 사람들이여.

마음의 눈을 열라고 사람들에게 말하고 싶다.

지혜는 고통에 고뇌하는 세상의 불빛이다.

(阿育王經)

아육왕경 阿育王經
인도의 학승 승가바라(僧伽婆羅)
가 번역하였다. 1권 8품으로 되
었으며 기원전 2세기경 전 인도
를 통일하고 불교를 보호한 아
육왕(아소카, 세속의 전륜성왕이
라고 불림)의 전기와 불교가 전
파된 상황을 소개하고 있다.

솥 안의 고기

어느 나라에 임금님이 살았다. 이 임금님은 한 명의 왕자와 왕자비와 함께 풍요롭게 살고 있었지만, 어느 날 아주 사소한 실수 때문에 화가 나서 왕자 부부를 외국으로 추방해 버렸다.

태어난 고향에서 쫓겨난 왕자 부부는 어제까지의 생활과는 완전히 달라진 떠돌이 생활을 하며 궁핍한 생활을 하면서 마을에도 들어가지 못한 채 결국은 산속에서 작은 오두막을 짓고 쓸쓸하게 살고 있었다. 그러는 동안 돈도 다 떨어지고 비축해 두었던 얼마 되지 않는 음식들도 다 떨어지자 왕자는 하는 수 없이 산속에서 사냥을 하면서 구차한 목숨을 이어가야만 했다.

그러던 어느 날, 왕자는 평소처럼 산속으로 사냥을 갔다가 작은 산토끼 한 마리를 발견했다. 당장 산토끼를 잡아 가죽을 벗겨 집으로 온 왕자는 부인에게 고기를 솥에 넣고 끓이라고 말했다. 부인은 솥에 고기를 넣고 삶기 시작했는데 얼마 되지 않아 솥의 물이 다 졸아 버리자 왕자는 부인에게 말했다.

"고기가 다 익지도 않았는데 물이 다 졸았군. 물을 더 떠오시오."

"그래요? 그럼 물을 더 떠올게요."

부인은 계곡으로 물을 뜨러 갔다. 그런데 너무나 배가 고팠던 왕자는 참지 못하고 익다만 고기를 솥에서 꺼내 한 조각도 남기지 않고 먹어버렸다.

계곡에서 힘들게 물을 떠서 돌아온 부인이 물을 부으려 솥 안을 들여다보니 고기가 없는 것이 아닌가.

"아니, 고기가 어디로 갔지?"

"당신이 없는 사이에 산토끼란 놈이 갑자기 되살아나 솥 밖으로 튀어나와 도망쳐 버렸어. 뒤를 쫓아갔지만 결국 놓치고 말았지."

"반쯤 익은 고기가 되살아났다는 말인가요? 죽어서 삶아진 고기가 어떻게 도망을 칠 수 있어요?"

"실제로 그런 일이 있으니 나도 당황스럽다고."

왕자의 말과 태도는 왠지 의심스러운 부분이 있었다. 부인은 속으로 이렇게 생각했다.

'아마도 너무 배가 고파서 덜 익은 고기를 그냥 먹어버린 게 분명해. 나도 배가 고팠지만 계곡까지 물을 뜨러 갔는데 그 사이에 다 먹어치웠을 거야. 그러고는 저렇게 거짓말로 변명을 하고 있는 거야.'

부인은 그렇게 왕자의 행동을 원망하며 마음속에는 즐거운 마음이 완전히 사라지고 말았다. 때문에 두 사람의 생활에는 뭔가 어색한 기운이 맴돌기 시작하였다.

이런 생활이 그렇게 몇 년이 흘렀다. 그러는 동안 임금님이 죽자 대신들은 왕자의 다 허물어져가는 오두막을 찾아와 왕위를 물려받기를 권하며 왕자 부부를 모시고 궁으로 돌아왔다. 이렇게 해서 힘들고 어두웠던 떠돌이 생활도 드디어 끝이 나고 무엇 하나 부족한 것이 없는 과거의 생활을 되찾게 되었다. 새로운 왕이 된 왕자는 훌륭한 장식품과 보석과 아름다운 옷 등, 부인이 좋아할 만한 것을 많이 선물하며 부인을 기쁘게 해 주려고 했다. 부인은 새 임금님이 준 훌륭한 모든 선물을 받기는 했지만, 전혀 기뻐하는 표정을 하지 않은 채 산속의 쓰러져가는 오두막에서 살 때와 마찬가지로 어둡고 어색한 표정을 하고 있었다. 부인의 낯빛이 좋지 않은 것을 보고 새로운 임금님은 걱정하며 말했다.

"내가 가지고 있는 모든 보물을 다 왕비에게 주었는데도 왕비는 전혀 기뻐하지 않고 이전처럼 어둡고 음산한 얼굴을 하고 있군. 뭐가 맘에 들지 않는 게요?"

왕비는 여전히 웃음기 없는 표정으로 조용히 말했다.

"산속에서 생활할 때 제가 계곡으로 물을 뜨러 간 사이에 솥에서 반쯤 익었던 고기가 살아나서 도망친 일이 있었지요?"

(佛本行集經)

불본행집경 佛本行集經

60권 60품으로 된 것으로, 인도의 학승 사나굴다가 번역하였다. 석가모니의 생애를 문학적으로 묘사한 경전 중 대표적인 것으로 「불소행찬(佛所行讚)」도 있으나, 「불본행집경」은 주로 역사적인 사례를 충실히 기록한 사실적 경전이다. 석가의 탄생에서부터 출가, 성도(成道)는 물론 그 제자들의 귀의(歸依)에 관한 인연까지 기록하였다.

거지 왕

한 가난한 남자가 거지 생활을 하면서 임금님이 계시는 수도까지 흘러들어왔다. 그리고 성안에서 구걸하면서 힘겹게 연명하고 있었는데, 하루는 이 성을 중심으로 구걸하고 있는 선임 거지가 이 새내기 거지에게 으름장을 놓았다.

"너는 어디서 온 놈이냐. 우리 구역에서 아무 인사도 없이 구걸하다니 건방진 놈이다. 당장에 이곳을 떠나지 않으면 가만두지 않겠다."

성안에서 더는 구걸할 수 없게 된 이 남자는 생각을 하였다.

"내가 저들에게 아무런 원한을 산 일이 없는데 어째서 이곳에서 구걸하는 것에 대해 녀석들에게 협박을 당해야 하는 걸까?"

하지만 그는 하는 수 없이 어깨가 축 처진 채로 수도를 떠났다.

그런데 이 수도에는 엄청난 부자가 한 명 있었다. 그리고 문득 자신이 소중하게 가지고 있던 구리 물병이 사라진 것을 깨닫고 성안에 사람을 풀어 이리저리 찾았지만 찾을 수가 없었다. 그는 멀리 다른 마을까지 찾아다니게 했지만, 물병은 찾을 수가 없었다. 부자는 하는 수 없이 이 구리 물병을 포기하고 말았다.

한편 성안에서 쫓겨난 거지는 하는 수 없이 다른 마을에서 구걸하기 위해 어슬렁거리며 걷다가 우연히 연못 속에 있는 구리 물병을 발견하고 깨끗이 씻어 살펴보니 상당히 훌륭한 물건이었다. 거지는 그것을 가지고 있던 장대 끝에 매달고 다시 임금님이 사는 수도로 되돌아갔다. 이렇게 훌륭한 물건이라면 틀림없이 수도에 사는 사람이 아니면 가지고 있을 수 없는 것으로 생각했기 때문이다. 그는 거리를 돌아다니며 큰소리로 외쳤다.

"구리 물병을 잃어버린 사람 없나요? 잃어버린 사람이 있다면 제가 가지고 있으니 찾아가세요!"

그는 구걸은 하고 있었지만 남의 물건을 탐내는 성품은 아니었다.

하지만 아무리 돌아다녀도 주인을 찾을 길이 없었다. 부자들은 행인들과 섞여 거리를 걷는 일이 거의 없었기 때문이다. 그는 하는 수 없이 물병을 가지고 궁전으로 가서 임금님에게 드렸다.

그리고 얼마 후 한 사람이 부자를 만났을 때 문득 그 구리 물병에 대한 이야기를 떠올리게 되었다.

"맞아, 얼마 전에 당신이 훌륭한 구리 물병을 잃어버렸다고 했죠? 그와 비슷한 이야기를 들은 적이 있습니다. 얼마 전에 어떤 거지가 다른 마을의 연못에서 훌륭한 구리 물병을 주워서 매일 성안을 돌아다니며 주인을 찾아다녔지만 결국 주인을 찾지 못해 임금님께 드렸다고 합니다. 혹시 그 물병이 찾고 있던 물병이 아닐까요? 한 번 확인해 보는 게 좋지 않을까요?"

"정말 고맙습니다. 그럼 한 번 확인해 보기로 하죠."

부자는 크게 기뻐하며 임금님을 찾아갔다.

"갑작스럽게 찾아뵈어서 송구스럽습니다. 실은 어떤 거지가 임금님께 구리 물병을 드렸다는 이야기를 들었는데, 어쩌면 그 물병이 제가 잃어버린 물병이 아닐까 싶습니다. 가능하다면 잠시 그 물병을 잠시 보여주실 수 있겠습니까?"

임금님은 부자의 말이 사실인지 아닌지 알 수 없었지만, 물병을 가져온 거지에게 물병이 어디서 난 것인지 확인하기 위해 서둘러 거지를 불러오라고 명령하였다. 거지는 갑작스러운 호출에 불안해하면서 임금님 앞으로 갔다.

"이 부자는 네가 얼마 전에 가져온 구리 물병을 자신의 것으로 주장하고 있는데 어떻게 된 것이냐?"

"폐하, 저는 그 구리 물병이 그의 것인지 아닌지는 알지 못하옵니다. 저는 그저 연못에서 주웠고 아마도 물병을 잃어버린 사람이 성안의 사람이라고 생각하여 그것을 장대 끝에 매달고 성안을 구석구석 돌아다녔지만 결국은 주인을 찾지 못했습니다. 하지만 제가 가지고 있을 만한 물건이 아니었기에 임금님께 드리게 된 것입니다."

"그래, 잘 알겠다."

임금님은 거지의 이야기를 다 듣고 나서 구리 물병을 가져오라고 명하였다. 그건 틀림없이 부자가 잃어버렸던 물병이었다. 임금님은 그것을 부자에게 건네주었고, 부자는 크게 기뻐하며 임금님께 인사를 하고 돌아갔다.

그리고 임금님은 거지에게 물었다.

"너는 정말 정직하구나. 네가 원하는 것은 뭐든 들어줄 테니 말해 보아라."

"제 소원을 들어주신다니 정말 감사합니다. 제가 원하는 것은 이 수도에서 거지왕이 되는 것입니다."

"정말 특이한 소원이구나. 그런 하찮은 소원은 버리고 금이나 은, 아니면 관리가 되는 것은 어떻겠느냐?"

"정말 감사합니다만 지금 제가 바라는 것은 오로지 조금 전에 말씀 올린 것뿐입니다."

"정 그게 소원이라면 오늘부터 너를 거지왕으로 만들어 주마."

임금님은 그의 특이한 소원을 들어 주었다.

임금님의 허락을 받은 이 거지는 곧장 성안으로 가서 수많은 거지를 불러 놓고 선포하였다.

"나는 지금 임금님의 허락을 받고 너희의 왕이 되었다. 너희는 이제부터 내 명령에 따르라."

거지들은 웅성거리며 물었다.

"당신이 왕이라고 치고, 그럼 당신은 우리에게 무얼 시킬 생각이오? 대체 어떤 명령을 따르면 된다는 말이오?"

"너희는 서로 번갈아 가면서 나를 업고, 나머지는 나를 따라 성안을 돌아다니면 된다."

거지들은 새 왕의 명령에 따를 수밖에 없었다. 거지왕을 업고 함께 성안을 돌아다녔다. 그리고 구걸을 할 수 있는 곳이라면 어디든 가서 음식을 구걸하며 돌아다녔다. 많은 사람이 함께 다녔기 때문에 누가 무엇을 받았는지 모두가 알 수 있었다. 그리고 이 왕은 구걸한 것은 반드시 정해진 곳으로 가지고 돌아가서 모두에게 똑같이 나눠주었다. 이 때문에 지금까지 있었던 거지들 사이에서의 싸움은 완전히 사라졌고, 이 사내는 오랫동안 거지왕으로서 수많은 신하를 거느리면서 진짜 임금님처럼 살았다.

(佛本行集經)

같은 물이라도
소가 마시면 젖이 되며,
뱀이 마시면 독이 된다

저녁

옛날 인도에 정말로 아름다운 공주님이 살고 있었다. 공주의 귀여운 모습은 그야말로 꽃과 같아서 세상에 이렇게 사랑스러운 공주님은 또 없을 것이라고 여길 정도였다.

그런데 산속 깊은 곳에 사는 못된 도깨비가 어떻게 해서든 공주님을 훔쳐오려고 마음을 먹었다. 어느 날 다락에 숨어들어 공주님이 정원에서 놀고 있는 모습을 훔쳐보고 있었지만, 공주님을 지키는 사람들이 너무 많아 손을 쓸 수가 없었다.

"낮에는 안 되겠어. 어두워지면 데리고 가기로 하자."

도깨비는 다락에 숨어 밤이 되기를 기다렸다.

밤이 되자 정신없이 놀고 있는 공주님 곁으로 한 늙은 하인이 다가와 말했다.

"공주님, 날이 저물었습니다. 저녁이 되면 뭐가 나타날지 모릅니다. 인제 그만 노시고 돌아가시죠. 정말이지 밤처럼 무서운 것은 없습니다."

도깨비는 다락에 숨어 이 말을 듣고 있었다.

"뭐, '저녁' 이란 놈이 온다고? 틀림없이 나보다 센 놈일 거야. 방심하고 있다가는 큰일 나겠어. 한데 '저녁' 이란 놈은 대체 어떤 놈인지 궁금하군. 그래 저기 마구간에서 말로 변장해서 살펴보기로 하자."

도깨비는 곧바로 마구간으로 가서 크고 아름다운 말로 변하여 다른 말과 섞여서 밤이 되기를 기다렸다.

그런데 마침 말 도둑 한 명이 나타났다.

말 도둑은 가장 크고 가장 잘생긴 말을 발견했다. 물론 그 말은 도깨비가 변장한 말이라고는 상상도 하지 못했다. 말 도둑은 순식간에 말에게로 다가가 말 등에 훌쩍 올라탔다. 도깨비는 깜짝 놀랐다. 어둠 속에서 갑자기 무언가가 등위에 올라탔으니 당연한 일이었다.

"이놈이 '저녁' 이란 놈이군. 내 목숨을 노리고 올라탄 게 틀림이 없어."

도깨비는 죽을힘을 다해 달렸다. 말 도둑도 말이 갑자기 달리기 시작하자 떨어지지 않기 위해 고삐를 꽉 잡고 말 등에 딱 달라붙었다. 도깨비는 고삐가 조여오고 등 위의 도둑이 딱 달라붙자 정신이 없었다. 깜짝 놀란 도깨비는 더욱 힘차게 달렸다.

도깨비는 자기가 살고 있는 산속을 향해 내달렸다. 이윽고 숲 속에 도착을 하였고 이 숲 속에 있는 깊은 구멍에, 겨우 등 위에 달라붙어 있던 말 도둑을 구멍 속으로 떨어뜨릴 수 있었다.

마침 그 구멍 옆 나무 위에 원숭이 한 마리가 놀고 있었다.

"도깨비 씨, 무슨 일이야? 얼굴이 새파랗게 질려서 숨을 헐떡거리고 있잖아."

원숭이가 물었다.

"지금 '저녁'이란 놈에게 붙잡혀서 잘못했다가는 죽을 뻔했다고. 하지만 다행히도 구멍 속에 떨어뜨릴 수가 있었지."

원숭이는 이를 드러낸 채 낄낄거리며 말했다.

"뭐, '저녁'이라고? 그런 게 어디 있어. 지금 내가 보기로는 네가 흔들어서 떨어뜨린 건 인간 같았는데?"

"아니, '저녁'이야. 네가 그렇게 말하는 증거가 있어?"

"특별히 증거는 없지만, 언뜻 보기에 아무래도 인간 같았어. 내가 한번 확인해 보기로 하지."

원숭이는 이렇게 말하고 나무에서 내려왔다. 그리고 구멍 속을 들여다봤지만 캄캄해서 잘 보이지가 않았다. 원숭이는 긴 꼬리를 구멍 속에 넣고 휘저어 보았다.

구멍 속의 말 도둑은 눈을 가늘게 뜨고 자세히 보니 뭔가 긴 것이 눈앞에서 어른거렸다. 도둑은 누군가 밧줄을 내려 준 것이라고 생각하고 갑자기 원숭이의 꼬리에 매달렸다. 원숭이는 깜짝 놀라 죽을힘을 다해 떨어뜨리려고 애를 썼고, 말 도둑 또한 살겠다는 일념으로 필사적으로 매달렸다. 원숭이는 얼굴이 빨개지면서 있는 힘껏 꼬리를 당겼다. 하지만 너무 세게 당겨 꼬리는 뿌리째 뽑히고 말았다.

"아야!"

원숭이는 나무 위로 펄쩍 뛰어올랐다. 도깨비도 녀석은 틀림없는 '저녁'이라고 생각했다. '저녁'이 아니라면 저렇게 영리한 원숭이를 간단히 이길 수 없을 거고 생각하고 곧바로 산속으로 도망쳤다.

원숭이의 얼굴과 엉덩이가 빨갛게 된 것은 바로 이 때문이다.

(本生經)

본생경 本生經
석가가 이 세상에 나타나 성불하여 부
처가 되기 이전, 즉 전생에 보살로서
수행한 일과 공덕을 이야기로 구성한
경전으로 십이부경의 하나이다.
원명은 Jataka이며 「본생담(本生譚)」
이라고도 한다.

용원설화

옛날 바닷속에는 사이가 매주 좋은 용왕과 그의 왕비가 있었다. 평화로운 나날이 지속하던 어느 날 왕비가 임신하였다.

그런데 왕비의 입덧이 심하여 원숭이의 염통만을 찾을 뿐 다른 음식은 먹지 못하였다.

각종 산해진미를 대령해도 아무것도 먹지 못하는 왕비 때문에 걱정이 이만저만이 아닌 용왕은 결국 원숭이의 염통을 구하기 위해 직접 육지로 나왔다.

다행히 이곳저곳을 헤매지 않고 바닷가 옆에 있던 나무 위에서 열매를 따 먹고 있던 원숭이를 만날 수 있었다.

"원숭아! 왜 그 맛없는 열매를 따 먹고 있니? 내가 사는 곳에는 맛있는 열매가 많아서 그건 아무도 먹지 않는데."

"아저씨가 사는 곳은 어딘데요?"

호기심 강한 원숭이는 맛있는 열매가 있다는 소리에 자신도 모르게 물었다.

"나는 바닷속에 사는 용왕이란다. 내가 사는 바닷속 용궁에는 아름다운 나무도 많이 있고, 맛있는 열매가 무궁무진하단다. 마침 내가 지금 용궁으로 돌아갈 건데 같이 가지 않으련?"

용왕의 말에 귀가 솔깃해진 원숭이는 용왕의 등에 업혀 바닷속으로 향했다. 손쉽게 원숭이를 구하게 된 용왕의 기분은 말로 다할 수가 없었다. 그리하여 용궁에 도착하기도 전에 용왕은 원숭이에게 사실을 이야기하고 말았다. 깜짝 놀란 원숭이는 전혀 내색하지 않고 능청스럽게 용왕에게 말을 하였다.

"용왕님. 그런 거였다면 먼저 저에게 말씀하시지 그러셨어요."

"왜 그러느냐?"

"저는 한 달에 한 번씩 염통을 꺼내어 말려놓는데 오늘이 바로 그날이었답니다. 그래서 지금 제게는 염통이 없어요. 얼른 다시 가지러 갑시다."

용왕은 원숭이의 말을 곧이곧대로 듣고 원숭이를 업은 채 다시 육지로 나왔다. 육지로 나오자마자 원숭이는 나무 위로 올라가서는 다시는 내려오지 않았다.

(本生經)

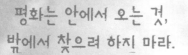

평화는 안에서 오는 것,
밖에서 찾으려 하지 마라.

어리석은 사람은 자신이 할 수 있는 일은 하지 않고
할 수 없는 일을 하려고 애쓴다.
지혜로운 사람은 할 수 없는 일은 하지 않고
할 수 있는 일에 혼신을 다한다.

활의 달인

어느 나라에 두 명의 왕자가 살고 있었다.

형은 매우 씩씩하고 활쏘기를 좋아해서 어릴 적부터 장난감 활을 가지고 매일 과녁을 쏘며 노는 것을 제일 좋아했다. 덕분에 시간이 갈수록 점점 실력이 좋아져 장난감 활로도 멀리 있는 과녁을 명중할 수 있게 되었다.

왕자는 그렇게 15, 16살이 되어서는 이미 어른들이 사용하는 커다란 활을 가지고 아무리 먼 과녁이라도 명중할 수 있게 되었다. 이제 인도에서는 왕자를 이길 수 있는 사람이 아무도 없었다. 덕분에 주변 국가들은 이 강한 왕자가 지키고 있는 한 전쟁을 일으킬 생각조차 할 수 없게 되었다. 임금님도 왕자를 매우 사랑했고 훗날에는 왕위를 물려주려고 생각하고 있었다.

하지만 또 다른 왕자는 특별히 하는 일도 없이 매일 놀기만 하면서 하루하루를 보내고 있었다.

그러던 어느 날 갑자기 임금님께서 돌아가셨다. 단 하루 병을 앓다가 돌아가시게 된 것이다. 너무나 갑작스러웠기 때문에 유언조차 남기지 않았고 아무도 임종을 지키지 못했다.

왕비님과 친척들이 모여 장례식을 성대하게 거행하였다.

장례식이 끝나면 이제 후계자를 결정해야 했다. 물론 형 왕자가 임금님이 될 것이다. 왕비님은 왕자를 불러 이렇게 말하였다.

"왕자는 폐하의 뒤를 이어야 합니다. 길일을 잡아 성대한 대관식을 올리기로 합시다."

그러자 왕자는 이렇게 말하였다.

"왕이 되면 매일 활을 쏠 수가 없겠죠?"

"물론 당연하죠. 임금님이 되면 할 일이 태산 같으니까요. 게다가 많은 사람을 만나야 하고 재판도 해야 합니다. 활을 쏘며 놀 시간은 전혀 없습니다."

"그런가요. 그럼 저는 왕위를 거절하겠습니다. 활과 작별하기가 싫으니까요."

형 왕자는 누가 뭐라고 해도 활이 좋다며 왕위를 물려받으려 하지 않았다. 더 이상 어쩔 수가 없었다. 형을 대신해서 동생 왕자가 왕위에 오르게 되었다.

형 왕자는 매일같이 좋아하는 궁술 연습을 하며 지냈지만 매일 자신의 나라에만 있는 것이 따분해 져서 활을 들고 세계 곳곳을 떠돌며 실력을 연마하고 싶다는 생각이 들었다. 왕자는 어머니를 찾아가 간절하게 애원했다.

"제게 5년 동안의 시간을 주십시오. 다른 나라들을 돌아다니면서 궁술을 연마하고 싶습니다."

"그것도 좋은 생각이군요. 그럼 조심해서 다녀오세요."

왕자는 너무나도 기뻤다. 그리고 곧바로 여행을 떠날 차비를 하고 떠났다.

이렇게 4년 동안 인도의 크고 작은 나라를 거의 다 돌아다녀봤지만 왕자에게 이길 수 있는 사람은 한 사람도 없었다. 이제 남은 나라는 한 나라 뿐이었다.

이 소식을 전해 들은 그 나라의 임금님은 매우 기뻐하면서 말했다.

"활의 명수로 유명한 그 왕자가 우리나라를 찾아 준다니 얼마나 기쁜 일인가."

곧바로 신하들을 거느리고 성문 앞까지 마중을 나갔다. 그리고 왕자에게 이렇게 말했다.

"부디 우리나라에 오래 머물러 주십시오. 혹시 원하신다면 궁술 선생님으로 매달 100만 냥씩 드리겠습니다."

왕자는 잠시 생각을 한 뒤에 이렇게 대답하였다.

"감사합니다. 그렇게 말씀해 주시니 일단 1년 동안 이 나라에 있기로 하겠습니다."

이렇게 해서 왕자는 이 나라의 궁술 선생님이 되었다. 하지만 이미 오래 전부터 궁술 선생님으로 있던 사람들이 가만히 있지 않았다.

"뭐야, 저 녀석은. 아직 어린 주제에 우리보다 더 많은 돈을 받잖아."

"저렇게 젊은 놈이 무얼 할 수 있겠어."

"우리만 가지고도 충분한 것을. 임금님은 정말로 실력이 출중한지 잘 알지도 못하는 젊은 녀석을 정중하게 맞이하다니, 아무리 생각해 봐도 헛수고인 것 같아."

궁술 선생님들은 한데 모여 서로 불평불만을 토로하였다.

그러던 어느 날, 임금님은 신하들을 거느리고 정원으로 나왔다. 그곳에는 아주 큰 망고 나무가 있었다. 임금님은 그 나무 아래에 의자를 가져다 놓고 앉아 휴식을 취하고 있었다. 임금님이 문득 위를 올려다보니 가지 꼭대기에 푸릇푸릇한 잎사귀 사이로 먹음직스러운 망고가 열려 있는 것이 보였다. 임금님은 궁술 선생님들을 불러 이렇게 말하였다.

"저기 나무 꼭대기에 열려 있는 망고가 정말로 먹음직스러워 보이는데 너무 높아서 오를 수가 없구나. 어디 화살을 쏘아서 떨어뜨려볼 사람이 있겠는가?"

그러자 그 중에서도 제일 오래된 궁술 선생님이 한 발짝 앞으로 나서서 말하였다.

"저 정도라면 저희는 모두 맞춰서 떨어뜨릴 수가 있습니다. 하지만 저희 실력은 폐하께서 이미 잘 알고 계시니 이번에 새로 들어온 젊은 궁술 선생에게 시켜보는 것이 어떻겠습니까? 수당도 저희보다 많이 받고 있는 것 같고, 게다가 아직 아무도 그 사람의 실력을 확인한 적이 없으니 꼭 한 번 시험해 보고 싶습니다."

"그래, 그게 좋겠군."

왕자는 곧바로 불려갔다.

"어떻소, 당신은 저 망고 열매를 단번에 맞춰 떨어뜨릴 수 있겠소?"

"네, 간단합니다. 어디든 폐하께서 지정해 주신 장소에서 맞춰 떨어뜨리겠습니다."

"그렇다면 저기 큰 바위 위에서 쏴 보시오."

다른 궁술 선생님들은 마음속으로 '건방진 녀석 저렇게 높은 곳에 있는 망고 열매를 쏴서 떨어뜨릴 수가 있겠어.' 라고 생각하면서 눈을 가늘게 뜨고 지켜보았다. 왕자는 화살 한 발을 꺼내 활에 먹였다.

"폐하, 올려 쏴서 떨어뜨릴까요? 아니면 떨어지는 화살로 떨어뜨릴까요?"

"뭐, 떨어지는 화살이라고? 나는 이제껏 올려 쏴서 떨어뜨리는 것은 본적이 있지만 떨어지는 화살로 맞춰 떨어뜨린다는 소리는 들은 적이 없소. 떨어지는 화살로 쏴 주시오."

궁술 선생님들은 '또 건방을 떨고 있군. 떨어지는 화살로 어떻게 망고 열매를 떨어뜨릴 수가 있겠어. 두고 보라고. 반드시 실패할 테니까.' 라고 생각하며 냉정한 표정으로 지켜보았다.

이윽고 왕자는 자세를 잡고 활을 보름달처럼 둥글게 잡아 당겼다가 살며시 손을 놓았다. 화살은 소릴 내며 활을 떠났다. 하지만 아무리 기다려도 화살이 떨어지지를 않았다.

"어떻게 된 일이오?"

"폐하, 아주 높이 올라갔기 때문에 시간이 좀 걸립니다."

궁술 선생님들은 '또 헛소리를 하고 있군. 어떻게 떨어지는데 이렇게 시간이 많이 걸린단 말이야. 틀림없이 어딘가에 이미 떨어졌을 거야.' 라고 생각했다.

그러는 사이 하늘 저 멀리서 무시무시한 소리가 들려오기 시작했다.

"아니, 저건 무슨 소리지?"

"폐하, 저것은 제가 쏜 화살이 떨어지면서 내는 소리입니다."

신하들은 무시무시한 소리에 놀라 화살이 자신들의 머리 위로 떨어지지는 않을지 겁에 질려 이리저리 도망치느라 정신이 없었다. 왕자는 신하들에게 이렇게 말하였다.

"여러분, 괜찮습니다. 망고 나무 아래에 있으면 절대로 화살에 맞지 않습니다."

그러는 사이 바람을 가르는 소리가 점점 더 커지더니 이윽고 망고 열매가 달려 있는 가지를 뚫은 화살이 땅에 꽂혔다. 그리고 이어서 망고 열매가 툭 떨어지면서 땅위로 데굴데굴 굴렀다.

이 대단한 실력에 임금님도 신하들도 모두 박수를 치면서 칭찬을 아끼지 않았다. 궁술 선생님들도 이제는 왕자의 엄청난 실력에 완전히 매료되고 말았다.

"부디 저희가 험담한 것을 용서해 주십시오. 이렇게 대단한 분인지 정말 모르고 온갖 험담을 하였습니다. 저희를 용서해 주십시오."

이렇게 해서 왕자에게 적대감을 품은 사람은 더는 없게 되었다.

그런데 이 소문이 동생 왕자, 지금은 왕이 되어 있는 동생의 귀에까지 들어가게 되었다. 동생은 걱정스러웠다.

"만약에 형님이 돌아오시면 나보다 강하고 궁술 또한 세계 제일이니 틀림없이 왕위를 빼앗기고 말 거야. 지금 당장 손을 써서 못 돌아오게 해야만 해."

동생은 어머니의 필적을 흉내 내어 편지를 썼다.

"너는 자신의 나라에 대해서는 전혀 관심이 없이 남의 나라 왕의 신하가 되다니 매우 유감스럽게 생각한다. 나는 더는 그런 아들은 필요 없다. 너와는 이제 모자지간의 인연을 끊고자 하니 절대로 돌아오지 말아라."

전령을 시켜 이 편지를 형에게 전달시켰다.

형 왕자는 이제 거의 일 년이 다 되어 갔기 때문에 조만간에 임금님에게 말해서 고국으로 돌아가려고 마음을 먹고 있던 차에 어머니에게서 온 편지를 읽고 '이게 대체 어떻게 된 일이지? 어머니가 단단히 화가 나셨나 보군. 상황을 유심히 지켜보다가 돌아가야 할 것 같군.' 이렇게 생각하며 당분간 그대로 머무르기로 하였다.

그런데 궁술의 달인인 왕자가 다른 나라에 있다는 사실을 알게 된 이웃 나라들이 연합을 하여 "지금이 그 나라를 공격할 기회다."라며 수많은 군사를 이끌고 쳐들어왔다. 깜짝 놀란 동생 왕은 걱정이 이만저만이 아니었다.

"이거 정말 큰일 났군. 대체 어떻게 하면 좋단 말인가?"

일단은 군대를 일으켜 맞서 싸웠지만 상대가 대여섯 나라의 연합군이었기 때문에 병사들의 수도 비교가 될 수 없었으므로 도저히 승산이 없었다. 매일매일 전투에서 패배하고 말았다. 적군들은 공격 강도를 높여가며 임금님이 사는 수도 가까이 다가왔다.

"큰일이야. 이럴 때 형님이 계셨다면 좋았을 것을, 쓸데없는 짓을 하였어."

이 무렵 형 왕자는 자신의 나라에 적들이 쳐들어왔다는 소식을 전해 들었다. 당장에 임금님의 허락을 받고 말을 타고 고국으로 돌아왔다. 그리고 수도 가까이까지 오자 일단 성으로 편지를 묶은 화살을 쐈다.

"어머님, 아우님. 제가 돌아왔으니 안심하십시오."

그런 다음 왕자는 적군의 본진을 향해 마찬가지로 편지를 묶은 화살을 한 발씩 쏘았다.

"내가 돌아왔다. 내 화살은 한 발에 열 명, 스무 명을 죽일 수 있다. 목숨이 아깝다면 당장에 퇴각하라."

이 편지를 본 본진의 적군들, 연합국의 왕들은 깜짝 놀랐다.

"이거 큰일 났군. 무시무시한 왕자가 돌아왔다면 이제 승산은 없어."

적군들은 그날 밤 모두 도망쳐 버리고 말았다.

이렇게 해서 이 나라에는 다시 평화가 찾아왔다. 동생 왕은 자신의 잘못을 뉘우치며 형에게 왕위에 오를 것을 부탁하였다. 하지만 형은 "나는 평생 활과 함께 살 거다."라고 말하며 왕위에 오르지 않고 여전히 매일매일 활을 쏘며 보냈다.

훌륭한 저택

어느 도시에 팔순이 넘은 큰 부자가 살았다. 그의 저택은 부자에게 어울리는 훌륭한 것이었지만 이 노인은 대단한 구두쇠에다가 완고하기까지 했다.

노인은 커다란 저택이 있는데도 궁전처럼 더 크고 훌륭한 새로운 저택을 짓기 시작했다. 정말로 대단한 저택으로 건물들이 즐비하게 늘어선 저택은 사람들을 놀라게 할 정도였다. 그리고 저택이 거의 다 완성이 되고 이제 노인이 살 건물만 아직 완공이 덜 된 상태였다. 물론 노인은 스스로 꼼꼼하게 최선을 다해 모든 공사를 지휘하였다.

마침 이때 부처님이 그 도시를 찾아왔다. 그리고 이 노인의 수명이 단 하루만 남아 저세상으로 갈 줄도 모르는 채 정력을 쏟아 몸이 수척해질 대로 수척해진 것을 보고 있었다. '정말 불쌍한 노인이군.' 이런 생각이 든 부처님은 제자 한 명을 데리고 그 집을 찾아갔다.

"영감님, 정말 열심히 일하고 있는데 피곤하지 않나요? 게다가 이렇게 넓고 큰 집을 지어서 어쩔 생각입니까?"

"앞쪽의 건물이 객실이고 뒤쪽에 거의 다 완성되어가고 있는 큰 건물이 내 주거 공간입니다. 그리고 동쪽과 서쪽에 커다란 건물이 있죠? 그건 아이들과 가족들의 주거 공간이고, 그 밖에도 수많은 보물을 보관할 수 있는 튼튼한 창고도 있고, 하인들이 사는 집도 있습니다. 그리고 여름이 되면 시원한 방으로 옮겨 가고 겨울이 되면 따뜻한 방으로 옮겨서 지낼 수 있게 하였습니다."

노인은 바쁘게 지시를 내리는 와중에도 자랑스럽다는 듯이 설명해 주었다.

"그거 아주 훌륭하군요. 저는 영감님 이야기를 듣고 한 번 이야기를 나눠보고 싶었습니다. 아주 훌륭하고 짧은 경이 있습니다. 이 경을 영감님께 들려주고 싶으니 잠시 일손을 멈추고 여기 앉아 함께 이야기를 나누시죠."

"보시다시피 제가 아주 바쁩니다. 앉아서 이야기를 나눌 여유가 없네요. 언제 다시 한가할 때에 찾아주십시오. 그때 천천히 이야기를 듣겠습니다. 기왕 오셨으니 오늘은 짧게 경을 외워 주십시오."

"그럴까요, 할 수 없지요. 그럼 짧게 경만 외우고 돌아가겠습니다."

자식도 있고 재산도 있다.
어리석은 사람은 그래도 여전히 악착같이 멈추려 하지 않는다.
하지만 잘 생각해 보면 '나'는 없다.
그러니 어디에 자식이 있고 재산이 있겠는가?

더우면 여기에 살고

추워지면 저기로 옮겨 산다고 한다.

어리석은 사람은 그것만 생각한다.

자신이 언제 변해버릴지는 생각지도 못한다.

그리고 어리석은 사람은

자신이 지혜롭다고 착각하고 있다.

그리고 지혜로운 사람을 어리석다고 여기고 있다.

어리석다는 것은 바로 그런 것이다.

노인은 전혀 염두에 두지 않고 여전히 바쁘게 일하며 말하였다.

"지금은 너무 바쁩니다. 언제 다시 들려주면 이야기를 듣겠습니다."

부처님은 수명이 다 되었다는 것도 모르고 바쁘게 일하고 있는 노인을 불쌍히 여기며 저택을 떠났다.

그리고 부처님이 떠나고 얼마 되지 않아 끌어올린 대들보가 노인의 머리 위로 떨어져 즉사하고 말았다. 식구들은 큰 소동이 벌어졌고 하인들은 이리저리 뛰어다녔다. 그때 부처님은 아직 멀리 가지 않았는데 도중에 많은 사람과 만났다. 사람들은 부처님에게 이렇게 물었다.

"대체 어딜 다녀오시는 겁니까?"

부처님은 이미 그 노인이 죽었다는 사실을 알고 있었다.

"나는 죽은 노인의 저택에 다녀왔습니다. 하지만 노인은 내 가르침을 전혀 믿으려 하지 않고 자신의 생명이 언제 다할지 깨닫지 못한 채 지금 갑자기 저세상으로 가버렸습니다."

그러더니 부처님은 조금 전에 노인에게 들려주었던 짧은 가르침을 사람들에게 반복해서 들려주었다.

사람들은 모든 사실을 알고 부처님의 가르침이 옳다는 것을 절실하게 느꼈다.

(法句譬喩經)

법구비유경 法句譬喩經
중국의 학승 법거(法炬)와 법립(法立)이 공역한 것으로 총 4권 40품으로 구성되어 있다.
부처님이 집을 떠나 불도를 닦는 비구들과 불도를 믿는 신자들을 위해서 한 설법이 포괄되어 있다. 부처님의 설법 형식에 따라 9부경, 12부경으로 분류하는데 이 경은 12부경에 속한다.

아름다운 보물 진주

먼 옛날, 당시 인도는 몇 개의 나라로 나뉘어 있었다. 그리고 그 중에는 마텐라라고 하는 나라가 있었다. 그 나라의 성은 매우 훌륭했다.

그런데 그 성의 임금님은 아주 특이한 사람이었다. 안락하고 편안한 삶을 추구하는 것보다 명상과 사색하는 것을 더 즐기던 사람이었다. 나라를 다스리는 것보다 명상하는 것을 더 즐겨하던 어느 날, 임금님은 결국 존귀한 왕위도, 훌륭한 성도 버리고, 홀로 깊은 산 속으로 들어갔다. 산 속에서 수행한 결과 임금님은 덕망 높고 훌륭한 수행자가 되었다.

임금님이 수행을 하고 있던 곳 근처에는 커다란 나무가 우거진 숲이 있었다. 그 숲의 나무들은 모두 다 큰 나무였는데 그 중에서 유난히 커다란 나무가 있었는데 그 꼭대기에는 언제나 구름이 걸려 있을 정도였다.

이 큰 나무의 뿌리 밑에는 정말로 보기 드물게 백 미터나 되는 커다란 동굴이 펼쳐져 있었다.

어느 쾌청한 날, 사냥꾼 한 명이 활과 화살을 가지고 이 숲으로 들어왔다. 그리고 저쪽 계곡과 이쪽 숲에서 한동안 사냥감을 찾아다니던 사냥꾼은 드디어 사슴 한 마리를 발견했다.

"사슴이다!"

사냥꾼은 기뻐하며 사슴을 쫓다 보니 어느새 숲 속 깊은 곳까지 들어가게 되었다. 사슴에만 정신이 팔렸던 사냥꾼은 좀 전에 말했던 커다란 나무에 도착하자마자 비명을 지르며 깊은 동굴 속으로 떨어지고 말았다.

그 모습을 보고 있던 것은 나무 꼭대기에 앉아 있던 새 한 마리와 나무뿌리 주변에서 똬리를 틀고 있던 뱀 한 마리였는데, 녀석들도 사냥꾼의 비명소리와 떨어지는 모습에 깜짝 놀라 벌떡 일어났다가 사냥꾼의 뒤를 따라 동굴 속으로 떨어지고 말았다.

동굴 속으로 사냥꾼과 새와 뱀이 떨어진 것이다. 동굴은 정말이지 깊었다. 날개가 있는 새조차도 날지 못했고, 땅을 기어 다니는 뱀조차도 기어오를 수 없었으며, 사냥꾼도 활과 화살을 가지고 있었지만, 아무것도 할 수 없었다.

단지 "빨리 동굴에서 빠져나가고 싶다"는 일념으로 발버둥 칠뿐이었다.

그런데 이 사실을 아는 사람이 한 명 더 있었다. 그것은 바로 수행자가 된 임금님이었다. 아무리 먼 곳의 일이라도 꿰뚫어 볼 수 있고, 아무리 작은 소리도 들을 수 있는 신비한 힘을 가지게 된 수행자는 숲 속의 깊은 동굴에서 벌어진 일에 대하여 잘 알고 있었다.

"이런 불쌍하게도. 어서 가서 구해 줘야지."

수행자는 곧바로 동굴로 가서 위에서 불을 비춰 캄캄한 동굴 속을 밝혀주고 동굴 안에 있는 사람에게도 충분히 들릴 정도로 말했다.

"이보시오! 지금 밧줄을 내려줄 테니 그것을 잡고 올라오시오."

이윽고 긴 밧줄이 동굴 속으로 내려졌다. 뱀은 밧줄을 빙빙 감았고, 사냥꾼은 새를 안고 밧줄에 몸을 묶어 함께 끌어올려 졌다. 깊고 어두운 동굴 속으로 떨어져 이제는 죽었다고 생각했던 사냥꾼과 새와 뱀은 구사일생으로 목숨을 건질 수 있게 되어 서로 눈물을 흘리며 기뻐하며 구해준 수행자에게 몇 번이고 고맙다며 고개를 숙였다.

"수행자님, 이 은혜는 평생 잊지 않겠습니다. 제발 곁에서 평생 함께 할 수 있게 해주십시오."

"아니, 나는 수행자이니 제자는 필요 없습니다. 그리고 세상 사람들을 구해주는 것이 내 의무이니 그런 걱정하지 말고 어서 돌아가시오. 자, 어서들 가세요."

수행자는 셋의 바람을 들어주지 않았다. 그러자 사냥꾼은 하는 수 없이 이렇게 말했다.

"저는 지금까지 수많은 사람을 만났지만, 선생님처럼 훌륭하신 분을 뵌 적이 없습니다. 부디 우리 집을 한 번 찾아 주십시오. 최선을 다해 음식을 대접하고 싶습니다."

그러자 뱀도,

"수행자님, 제 이름은 '길쭉이'라고 합니다. 혹시라도 수행자님이 곤경에 처했을 때는 제 이름을 불러 주십시오. 그러면 당장에 달려가 은혜를 갚겠습니다."

새도,

"수행자님, 목숨을 구해주신 은혜는 평생 잊지 않겠습니다. 제 이름은 '접시' 라고 합니다. 혹시 수행자님에게 뭔가 재난이 일어났을 때 제이름을 불러주신다면 반드시 도우러 가겠습니다."

이렇게 셋은 수행자에게 진정한 감사를 전하고 각자 집으로 돌아갔다.

그렇게 얼마간의 시간이 지난 어느 날, 수행자는 문득 사냥꾼의 약속을 떠올리고 그의 집을 찾아갔다.

멀리서 수행자가 오는 모습을 발견한 사냥꾼은 서둘러 집으로 뛰어들어가 아내에게 귓속말로 이렇게 말했다.

"예전에 말했던 바로 그 숲 속의 수행자가 오고 있어. 당신은 점심 준비를 하는 척만 하고 부엌에서 나오지 마. 인도에서는 수행자들은 모두다 정오를 지나면 식사를 하지 못하는 게 규칙이니까 정오만 지나면 수행자는 그냥 돌아갈 거야. 알았지?"

이윽고 수행자가 사냥꾼의 집 문 앞에 도착했다. 그러자 사냥꾼과 그의 아내는 입으로만 공손하게 이렇게 말했다.

"예전에 저를 구해 주신 수행자시네요. 정말 잘 오셨습니다. 누추하지만 사양 마시고 안으로 들어오십시오."

그리고 부인은 곧장 부엌으로 가서 음식 준비를 하는 시늉을 하였다.

사냥꾼은 다시 한 번 감사의 말을 전하기도 하고 이런저런 세상 돌아가는 이야기 등을 하면서 시간을 보냈다. 이따금 부엌에서는 그릇과 접시가 부딪치는 소리가 들렸다.

그러는 사이 어느새 정오가 지났다는 것을 안 수행자는 사냥꾼에게 이렇게 말하고 집을 나섰다.

"이런, 이야기를 하는 사이 벌써 정오가 지나고 말았네요. 오늘은 식사대접을 받지 못하겠네요. 이건 모든 수행자의 규칙이니 부디 기분 나쁘게 생각하지 말아 주십시오."

그렇게 길을 가다가 수행자는 새가 날아가는 것을 발견하였다.

"아니 저건 접시잖아. 접시야."

수행자는 새의 이름을 떠올리고 불렀다. 새가 놀라 아래를 내려다보니 수행자가 멈춰 서서 하늘을 올려다보고 있었다. 새는 반가운 듯이 날아 내려왔다.

"수행자님 아닙니까. 이전에는 도와주셔서 정말 고마웠습니다. 오늘은 어딜 가고 계신 건가요?"

"응, 너와 함께 구해준 사냥꾼의 집에 다녀오는 길이다."

"그럼, 그때 약속했던 음식 대접을 받으셨겠네요."

"아니, 실은 사냥꾼 부부는 점심 대접을 하기 위해 이런저런 준비를 많이 한 것 같은데 이야기를 하는 사이 정오가 지나버려서 식사는 하지 못하고 돌아가는 길이란다."

새는 질렸다는 듯이 말했다.

"그렇다면 사냥꾼은 인간이면서도 은혜를 모르는군요. 조금 전에 수행자님이 사냥꾼의 집에 들어가기 직전에 제가 그 집 앞에 있던 나무 위에서 부부의 이야기를 엿들었는데, 사냥꾼이 부인에게 '지금 저기 나를 구해준 수행자가 오고 있어. 은혜를 갚기 위해 음식 대접을 해야 하지만 당신은 그냥 정오가 지날 때까지 식사 준비를 하는 척만 하고 있으면 돼. 정오가 지나면 수행자들은 식사하지 못하는 규칙이 있으므로 틀림없이 그냥 돌아갈 거야' 라고 하는 것을 들었습니다. 그렇게 은혜도 모르는 인간은 또 없을 겁니다. 저는 인간들처럼 음식 대접을 할 수는 없지만 뭔가를 드리고 싶습니다. 잠시만 기다려 주세요."

새는 이렇게 말하고 하늘 높이 날아갔습니다.

하늘 높이 보이지 않게 된 새는 어느샌가 이웃 나라의 성안으로 들어갔다.

훌륭한 궁전 중에서도 특히 아름다운 방안에는 때마침 왕비님이 기분 좋게 '낮잠' 을 자고 있었다. 그렇다. 인도는 매우 더우므로 낮에는 대부분의 사람이 창문을 열어 둔 채 '낮잠' 을 자는 습관이 있었다.

새는 이리저리 한참을 날아다니다가 이윽고 왕비님 방 창가에 앉았다. 그리고 방안을 들여다보았다. 왕비님의 진주 목걸이 중에서 유난히 반짝이고 아름다운 진주 하나가 눈에 들어왔다.

실은 이 유난히 반짝이고 아름다운 진주야말로 이 나라의 제일 가는 보물이었다. 이 진주가 없다면 단 하루라도 왕비가 될 수 없었는데, 그것은 바로 '명월주(明月珠)' 라고 불리는 것이었다. 하지만 새는 그런 줄을 전혀 몰랐다. 너무나 아름다운 나머지 "좋은 걸 찾았어."라고 생각하고 입에 물고 날아가 수행자에게 주었다.

왕비님은 달콤한 낮잠의 꿈에서 깨어보니 목걸이에서 소중한 진주가 보이지 않는 것을 발견하고 깜짝 놀라 얼굴이 사색이 된 채 어쩔 줄을 몰랐다. 하지만 그대로 감추고 있을 수도 없었다. 곧바로 임금님에게 이 사실을 알렸다. 임금님도 깜짝 놀라며 당장 신하들을 불러놓고 이렇게 명하였다.

"왕비의 목걸이에서 명월주가 어느샌가 사라지고 말았다. 그대들도 잘 알다시피 그 진주는 왕비의 보물인 것은 물론이고 우리나라의 소중한 보물이기도 하다. 그대들은 모두 흩어져 찾아보기 바란다. 진주를 찾아낸 사람에게는 금과 은을 500kg과 소와 말을 각각 천 마리씩 주겠다. 하지만 명월주를 가지고 있으면서도 감추고 있다면 사형에 처하겠노라."

이 소식이 전해지자 온 나라가 떠들썩해졌다. 어떻게 해서든 자신이 명월주를 찾아내서 포상을 받겠다고 혈안이 되어 찾아다니기 시작했다. 하지만 모든 사람이 나라 전체를 이 잡듯이 뒤져보았지만, 진주는 찾을 수가 없었다. 사람들은 이제 어디를 어떻게 찾아야 할지 고개만 갸우뚱거릴 뿐이었다.

결국, 명월주는 찾아내지 못했다. 그런데 아름다운 빛을 발하는 진주가 숲 속에 사는 수행자에게 있다는 사실을 알고 있는 사람이 있었다. 그것은 다름 아닌 사냥꾼이었다. 게다가 사냥꾼은 아름다운 진주가 사라져서 이웃 나라에서 큰 소동이 벌어졌다는 소식도 접하게 되었다. 그는 숲 속의 수행자가 가지고 있는 진주가 바로 그 진주라는 것을 눈치를 챘다. 그러고는 오래전에 살려준 은혜를 저버리고 그저 상금에 눈이 멀어 결국 수행자를 붙잡아 이웃 나라의 임금님 앞으로 데리고 갔다.

"이놈이 아름다운 진주를 가지고 있습니다. 그런데도 모른척 하고 있었습니다."

임금님은 수행자의 아름답지 못한 옷을 힐끔힐끔 쳐다보면서 수행자에게 물었다.

"너는 이 보물을 어떻게 가지게 되었느냐?"

왜냐하면, 이 아름다운 진주는 왕비님이 낮잠을 자는 동안 아무도 모르는 사이에 사라졌기 때문에 어떻게 사라졌는지 아무도 몰랐고, 따라서 임금님이 그렇게 묻는 것은 당연하였다. 하지만 수행자는 잠시 생각에 잠겼다.

"지금 내가 이 진주를 새에게서 받았다고 한다면 아마도 새들은 모두 죽음을 면치 못할 거야. 그러면 너무나 불쌍한 일이지. 그렇다고 내가 훔쳤다고 거짓말을 한다면 부처님의 고귀한 가르침을 지키며 수행하는 훌륭한 수행자들 모두의 얼굴에 먹칠하게 될 거야. 그래, 아무 말도 하지 않는 게 제일이야. 그 이상 좋은 방법은 없어."

결심을 굳힌 수행자는 누가 뭐라고 하든, 아무리 심한 고문을 당하더라도 그저 묵묵히 침묵만 지켰다. 물론 다음날도, 그리고 그다음 날도 마찬가지로 숲에서 온 수행자는 고문을 당했다. 하지만 수행자는 마치 벙어리인양 입을 다물었다.

드디어 임금님도 화가 폭발하고 말았다.

"좋아, 이 수행자를 산채로 땅에 묻어라. 하지만 머리는 내놓도록 하여라. 그리고 내일도 아무 말도 하지 않는다면 죽여 버려라."

불쌍한 숲의 수행자는 결국 머리만 땅 밖으로 내민 채 성 밖에 묻히고 말았다.

이윽고 어둠이 깔리고 별이 뜨면서 어둡고 고요한 밤이 되었다. 바로 그때 성 밖에 묻혀 있던 수행자의 입에서는 신음하듯이 이런 소리가 흘러나왔다.

"아아, 길쭉아…."

이것은 뱀의 이름이다. 수행자는 문득 예전에 자신이 구해준 뱀이 '혹시 곤경에 처하게 되었을 때는 제 이름을 불러 주세요.' 라고 했던 말이 떠올라 뱀의 이름을 부른 것이었다.

이때 뱀은 성에서 멀리 떨어진 숲 속에 있었는데 자신의 이름을 부르는 나지막한 소리를 듣고 고개를 갸우뚱거렸다.

"내 이름을 부르고 있어. 틀림없는 내 이름이야. 내 이름을 알고 있다면…, 맞아 수행자님이 틀림없어. 수행자님의 신상에 변고가 생긴 게 틀림이 없어."

뱀은 당장에 목소리가 들린 곳을 향해 스르르 기어갔다. 그러자 수행자가 땅속에 묻힌 채 머리만 땅 위로 내밀고 있는 게 아닌가!

"이게 대체 어떻게 된 일입니까?"

수행자는 지금까지 있었던 일을 대략 이야기해 주었다. 뱀은 눈물을 흘리며 수행자의 이야기를 다 듣고는 이렇게 말했다.

"제게는 수행자님을 땅속에서 끌어당길 힘이 없지만 어떻게 해서든 구해드리겠습니다."

그러고는 잠시 수행자의 귀에 뭔가를 속삭이고는 어디론가 사라졌다.

이 나라에는 단 한 명의 왕자님이 있었다. 둘도 없는 소중한 분이었기 때문에 임금님과 왕비님은 물론이고 온 백성들이 소중하게 여기고 있었다.

그런데 이게 어떻게 된 일인가? 그날 밤 왕자님이 갑자기 죽고 말았다. 임금님과 왕비님은 말할 것도 없이 온 백성들이 눈물을 흘리며 탄식을 하였다. 왕자가 어째서 갑자기 죽게 되었는지를 조사하기 위해 명의들이 모여 살펴본 결과 몸에는 하나의 작은 상처만이 있었다. 그것은 바로 독사의 이빨 자국이었다.

바로 다음 날 전국 방방곡곡에 방이 붙었다.

〈왕자님을 살리는 사람이 있으면 이 나라의 절반을 상으로 주겠노라〉

하지만 죽은 왕자님을 다시 되살리는 일은 아무도 할 수 없는 일이었다. 때문에 왕자님의 장례식이 치러지게 되었다. 왕자님의 관을 가운데로 임금님과 왕비님, 수많은 신하, 백성들이 줄을 지어 슬픔에 찬 장례식 행렬이 성 밖으로 나갔다.

그곳에는 머리만 내민 채로 땅에 묻힌 수행자가 있었다. 수행자는 이 장례식을 보고 힘겹게 소리를 내어 신하 한 명에게 물었다.

"누구의 장례식인가요?"

"왕자님의 장례식이다. 독사에게 물려 하룻밤 사이에 돌아가셨다."

수행자는 전날 밤에 뱀이 미리 귓속말을 해주었기 때문에 이렇게 말했다.

"내게 왕자님을 살릴 약이 있습니다."

신하는 임금님에게 곧장 달려갔다. 이 말을 전해 들은 임금님은 이렇게 말하며 수행자를 불렀다.

"명월주를 훔친 숲의 수행자가 그렇게 말했다고? 음, 특이한 재주가 있는 놈이구나."

그렇게 수행자는 땅속에서 꺼내져 임금님 앞으로 끌려갔다.

"네가 왕자를 살릴 수 있는 약을 가지고 있다고? 제발 왕자를 살려다오."

수행자는 조심스럽게 품속에서 약을 꺼내 왕자의 몸에 발랐다. 모든 사람이 무슨 일이 일어날지 궁금해하면서 조용히 지켜보았다. 이윽고 왕자의 몸 전체에 약이 다 발라졌다. 그러자 놀랍게도 왕자의 몸이 꿈틀거리기 시작하였다. 그리고 모두가 깜짝 놀라고 있는 사이에 왕자는 기운을 차리고 일어났다.

임금님과 왕비님이 얼마나 기뻐했는지는 두말할 필요도 없을 것이다.

"약속한 대로 이 나라의 절반을 그대에게 주겠소. 또한, 명월주를 훔친 죄를 용서해 주겠소."

임금님은 감사의 눈길로 수행자를 바라보며 말했다. 그러자 수행자는 조용히 말했다.

"저는 수행을 하는 몸이니 사람을 구한 것만으로 충분합니다. 나라를 받을 수 없습니다."

임금님은 이 모습을 보고 수행자의 고귀한 성품에 탄복했다. 그리고 이렇게 훌륭한 사람이 진주를 훔쳤을 리가 없고 뭔가 깊은 사정이 있으리라는 것을 깨닫게 되었다.

"수행자여, 짐은 잘 이해가 되지 않는데, 어째서 명월주가 그대의 손에 들어갔는지 알려줄 수 있겠소? 당신처럼 고귀한 사람이 이런 일을 당하게 된 것은 필시 무슨 사정이 있을 것으로 생각하오만…"

그러자 수행자는 자신이 이전에 이웃 나라의 왕이었던 일과 수행자가 된 연유, 그리고 지금까지의 사정을 자세히 설명해 주었다. 임금님과 모여 있던 모든 사람은 이 이야기를 듣고 깜짝 놀라며 수행자를 더욱 극진히 대접하고, 다시 살아난 왕자와 함께 모든 사람이 수행자를 숲 속 깊은 곳까지 배웅해 주었다.

한편 사냥꾼은 어떻게 되었을까? 아름다운 보물인 진주를 훔친 것이 숲 속의 수행자라고 고발하여 수행자를 임금님 앞에 끌고 간 사냥꾼은 이제 곧 500kg의 금과 은, 그리고 각각 천 마리의 소와 말을 상금으로 받을 것을 생각하니 기뻐서 저절로 웃음이 날 지경이었다. 그리고 생각했던 것처럼 임금님이 전령을 보내왔다.

"폐하께서 너를 부르신다. 당장 따라나서라."

포상금을 받게 되었다고 기쁨에 젖은 사냥꾼은 임금님 앞으로 나섰다. 하지만 임금님은 전혀 다른 말을 하였다.

"너는 뱀이나 새와 같은 짐승만도 못한 놈이다. 숲 속의 수행자는 네 놈의 생명의 은인이 아니더냐? 은혜를 배신하는 놈은 그냥 풀어줄 수 없다."

사냥꾼은 결국 돌담으로 둘러싸인 감옥에 들어가게 되었다.

(六度集經)

육도집경 六度集經

강거국(현 투르키스탄)의 학승 강승회(康僧會)가 번역하였다.

총8권 6장으로 구성되었으며, 사람들을 구제하기 위해 보살이 닦아야 하는 여섯 가지 불도에 관한 교리를 묶은 경으로, 특히 대승불교의 중심이 되는 보살행을 강조하고 있다.

육도, 즉 육바라밀다(六派羅密多): 보시(布施) 지계(持戒) 인욕(忍辱) 정진(精進) 선정(禪定) 지혜(智慧).

욕심 많은 임금님

옛날 인도는 다섯 개의 나라로 나뉘어 있었다. 그중에 한 나라의 임금님은 욕심이 매우 많아 폭정을 일삼았다. 그래서 백성들이 몰려가 임금님에게 따졌다. 임금님은 백성들의 세력에 놀라 궁 밖으로 도망치고 말았다.

그러자 백성들은 임금님의 동생을 새로운 임금님으로 추대하였다. 새임금님은 선정을 베풀어 백성들의 칭송이 자자했다. 하지만 나라에서 추방된 형은 동생이 왕이 되었다는 소식을 전해 듣고 동생에게 편지를 보냈다.

〈제발 작은 마을을 하나라도 좋으니 내게 줄 수 없겠니? 나는 가진 게 아무것도 없어 먹을 것을 걱정해야 하는 가난뱅이 신세구나. 절대로 이전처럼 폭정을 하지 않을 테니….〉

동생 임금님은 불쌍한 생각이 들어 마을 하나를 형에게 주었다. 형은 이전과 전혀 달리 선정을 펼쳤다. 때문에 마을 사람들은 입이 마르도록 자신들의 촌장을 칭찬하였다.

형은 다시 동생에게 편지를 보내 마을 하나를 더 받았다. 그렇게 하나 하나 마을을 늘려 가다 보니 어느새 나라의 절반을 통치하게 되었다. 그리고 역시 선정을 베푼 덕분에 백성들도 누구 하나 불평을 하지 않았다. 지금이 기회라고 생각한 형은 군대를 모아 동생의 나라를 공격하였다. 동생의 나라는 전쟁에 패하였고 형은 다시 처음처럼 커다란 나라의 임금님이 되었다.

세력을 키우게 된 형 임금님은 이번에는 이웃 나라를 공격하기 시작했다. 이렇게 해서 결국 다섯 개의 나라를 모두 자신의 영토로 만들어버렸다. 인도의 육지는 모두 이 임금님의 영토가 된 것이다. 물론 임금님은 대단히 만족스러워했다. 그리고 과거의 경험을 살려 절대로 폭정을 하지 않았다. 백성들도 이전처럼 임금님을 내쫓지 않았다. 세상에는 아무 일도 일어나지 않고 평화롭게 흘러갔다.

그런데 하늘에 있던 제석천(帝釋天)이라는 신이 이 임금님을 좀 더 훌륭한 임금님으로 만들어주고 싶다는 생각을 하고 있었다. 그래서 임금님의 마음을 시험해 보려고 마음먹었다. 제석천은 곧바로 수행자의 모습으로 변장하고 황금 지팡이에 황금 병을 들고 왕을 찾아갔다. 물론 제석천의 모습은 임금님에게만 보였다.

"폐하, 저는 바다 건너 먼 나라에서 왔습니다. 그 나라는 대단히 크고 막대한 보물이 가득한 나라입니다. 폐하는 이 나라를 공격해서 빼앗고

싫지 않으신가요?"

임금님은 이 말을 듣고 마음속의 기쁨을 감추지 못하고 갑자기 화색이 돌며 말했다.

"뭐라, 큰 나라에 막대한 보물이 있다고? 정말 좋은 것을 가르쳐 주었구나. 그 말을 듣고 내가 어찌 가만히 있겠느냐."

"폐하, 그렇다면 배를 준비하고 군사를 모으십시오. 저는 일주일 뒤에 다시 찾아와 안내해 드리겠습니다."

수행자는 이 말을 남기고 사라졌다.

임금님은 당장에 준비에 들어갔다. 그리고 드디어 일주일이 지났다. 해안가에는 수많은 배와 병사들이 모여 왁자지껄했다. 임금님도 제일 먼저 배에 올라타 안내자인 수행자가 오기를 목이 빠지게 기다리고 있었다. 하지만 아무리 기다려도 수행자의 모습은 나타나지 않았다.

임금님은 초조해졌다. 하지만 안내자가 오지 않는다면 달리 방법이 없었다. 어느새 해가 서쪽으로 기울기 시작하였다. 임금님의 마음은 이제 점점 어두워지기 시작했다. 일주일이 되는 해가 이제 서쪽으로 저물려고 하고 있고 해안가에는 수많은 배와 병사들이 전쟁 준비를 끝내고 기다리고 있었지만 어찌할 방법이 없었다.

"정말 애석하구나. 나는 커다란 나라를 정복할 수 있다. 그리고 그 나라에 있는 보물들을 전리품으로 가져올 수도 있다. 그런데 고작 수행자한 명이 오지 않아 아무것도 할 수 없다니."

그러다 임금님은 문득 깨닫게 되었다.

"맞아, 나는 바다 건너에 커다란 나라가 있다는 것을 수행자에게 들

236

었을 뿐이야. 많은 보물이 있다는 것도 그저 이야기로 들었을 뿐이야. 그런데도 나는 그것들을 갖고 싶어 했지. 그것이 정말로 있는지도 확인하지 않은 채 아무것도 생각하지 않고 그저 갖고 싶다고 생각했지. 그리고 이렇게 수많은 배를 준비하고 많은 병사들을 모아 무장을 시켰어. 하지만 수행자는 오지 않았어. 어쩌면 그 수행자는 내 마음이 만들어 낸 환영일지도 몰라."

임금님은 그제야 욕심이라는 것이 얼마나 깊고 끝이 없는 것인지를 깨닫게 되었다.

"모두 수고가 많았다. 병사들은 각자 고향으로 돌아가도 좋다. 나는 끝없는 욕심 때문에 환영에 사로잡혀 버렸다. 눈에 보이는 것은 물론이고 실제로 있는지조차 모르는 것을 이야기만 듣고 그것을 욕심내어 이런 소동을 벌이고 말았다. 모두 잘 들어라. 욕심이라는 것은 끝이 없는 것이다. 욕심만 쫓는다면 평생을 만족할 수 없을 것이다."

사람들은 임금님의 이야기를 듣고 대체 무슨 소리인지 전혀 이해할 수가 없었다. 그저 멍하니 바라볼 뿐이었다. 하지만 임금님의 마음은 왠지 모르게 밝아져서 궁으로 돌아갈 수 있었다. 임금님은 이전보다 더욱 선정을 펼치게 되었고 백성들의 사랑을 독차지하게 된 것도 바로 이때부터였다.

(佛說義足經)

불설의족경 佛說義足經
3세기 중엽 월지국 출신의 학승 지겸이 번역하였다.
2권 16개의 경으로 되어있으며, 부처님과 비구승, 신도들이 체험한 이야기를 통해 불도를 닦아 탐욕을 없애고 마음을 정화해야 한다고 하였다.

스스로 벌을 청하다

　옛날 옛날에, 어떻게 해서든 일확천금을 노리는 사람들은 흔히 무리를 지어 외국으로 가거나 바다를 건넜다. 왜냐하면, 위험하고 먼 곳을 가야 했기 때문에 한두 명의 사람만으로는 무슨 일이 생길지 몰라 걱정이 되었기 때문이다.

　그렇게 하루는 500명의 사람이 모여 바다로 나가 보물을 찾아 나서게 되었다. 진주를 찾거나 외국의 고가품을 가지고 고향으로 돌아오면 순식간에 부자가 될 수 있었던 것이다.

　그리고 이 소식을 들은 한 사내가 있었다. 그는 매우 강한 데다가 사람 죽이기를 벌레 죽이듯 하는 난폭한 자였다.

　"그래, 녀석들이 무얼 하는지 몰래 따라가 보자."

　난폭자는 사람들 몰래 배에 올라타 한동안 배 밑에 몰래 숨어 있었다. 드디어 배가 닻을 올리고 바다를 향해 출항하였다. 500명의 사람이 용감하게 배를 조종하며 먼바다에 나오자 난폭한 사내는 몰래 나와 먹을 것을 가지고 다시 배 밑으로 숨었다.

이렇게 해서 500명의 사람이 죽을 고생을 하며 수많은 보물을 모아 고향으로 돌아가려고 할 때, 이 남자가 갑자기 모두들 앞에 나타났다. 난폭하기로 유명한 이 사내와 만나게 된 500명의 사람은 깜짝 놀랐다. 그가 왜 배에 있는지를 생각하기보다는 망망대해에서 이 사내를 만났기에 도망칠 곳도 없었고, 무슨 짓을 당할지 몰라 그저 겁에 질려 벌벌 떨고 있을 뿐이었다.

그런데 500명의 지도자로 선택된 사람은 매우 자비롭고 조용한 성격으로 항상 사람들을 잘 돌봐주었기 때문에 사람들은 그를 아버지처럼 따랐다. 그는 난폭한 사내가 나타났을 때도 당황하지 않고 조용히 생각했다.

'이 난폭한 사내는 모두 죽이고 보물을 혼자 독차지하려 하고 있다. 하지만 이 사내에게 살인을 저지르게 해서는 안 돼. 우리 500명의 안전이 달린 일이야. 그렇다면 어떻게 하면 좋단 말인가? 분명 녀석은 많은 사람을 죽이고 말 거야. 어쩔 수 없이 우리가 모두 힘을 합쳐 녀석을 죽인다면…. 하지만 그러면 녀석이 사람을 죽이지는 않을지 몰라도 우리 모두가 살인죄를 저지르게 되는 거야. 정말 곤란하군. 그래, 이렇게 된 이상 내 손으로 직접 죽이는 수밖에 없어. 그러면 내가 비록 살인죄로 처형을 당하더라도 500명은 살인죄를 저지르지 않아도 되니까. 내가 평생 살인자라는 짐을 짊어지기로 하자. 사형당할 것도 각오하자.'

지도자는 이렇게 해서 난폭한 사내의 가슴을 칼로 찔렀다.

덕분에 500명의 동료는 무사히 목적을 이루고 고향으로 돌아올 수 있었다. 하지만 누구도 이 지도자를 살인자라고 고소하는 사람이 없었다.

그러자 지도자는 스스로 임금님 앞으로 가서 모든 사실을 털어놓고 자신을 벌해 주기를 청했다.

"저는 사람을 죽였습니다."

임금님은 곧바로 500명 모두를 불렀습니다. 500명의 사람은 입을 모아 청하였다.

"이 분은 죄가 없습니다. 난폭한 사내가 저희를 죽이거나, 저희가 그 자를 죽여야 하는 상황이었습니다. 이 분은 아무도 살인죄를 저지르지 않게 하려고 스스로 죄를 지은 것입니다. 만약에 이분에게 죄가 있다면 저희 모두 같은 죄를 지은 것입니다."

임금님이 조용히 말하였다.

"그만 되었다. 그에게 죄가 없다. 왜냐하면, 이 자는 원한 때문에 살인을 한 것이 아니라 모두를 구하기 위한 마음에서 그렇게 한 것이다. 아마 죽은 난폭자도 만약에 영혼이 있다면 이 사람 덕분에 자신이 더는 살인죄를 저지르지 않게 된 것을 고맙게 여길 것이다."

(佛說大方廣善巧方便經)

불설대방광선교방편경 佛說大方廣善巧方便經
인도의 학승 시호(施護)가 번역하였으며, 총 4권으로 되어 있다. 이 경은 중생들을 교화하는 보살의 공덕에 대해 설법하고 있다.

두 귀신의 다툼

옛날 비사사라는 두 귀신이 있었다.

그들은 상자 하나와 지팡이 한 개와 신발 한 켤레를 갖고 있었다.

그래서 그것을 서로 가지려고 다투었지만 해가 지도록 해결하지 못했다.

그때 어떤 사람이 와서 그것을 보고 두 귀신에게 물었다.

"이 상자와 지팡이와 신은 어떤 신기한 힘을 가지고 있기에 너희는 그처럼 서로 성을 내어 다투는가?"

두 귀신은 대답하였다.

"이 상자는 의복, 음식, 평상, 침구 따위의 생활 도구 등을 모두 만들어 내고, 이 지팡이를 잡으면 어떤 원수도 모두 와서 항복하고 감히 다투지 못합니다. 그리고 이 신만 신으면 어디든지 마음대로 날아다닐 수 있습니다."

이 사람은 그 말을 듣고 귀신들에게 말하였다.

"너희는 조금 떨어져 있으라. 너희에게 고루 나누어주리라."

그들은 이 말을 듣고 이내 멀리 피하였다. 그는 곧 상자를 안고 지팡이를 들고 신을 신고는 날아가 버렸다.

두 귀신은 깜짝 놀랐으나 어쩔 수가 없었다. 그는 귀신들에게 말하였다.

"너희가 다투고 있는 물건을 지금 내가 가져간다. 이제 너희들은 다투지 않게 되었다."

(百喩經)

말하는 원앙새

옛날 어느 나라에는 명절이나 축제, 등 경삿날에는 부녀자들이 모두 꽃으로 머리를 장식하는 풍습이 있었다.

어떤 가난한 사람의 아내가 남편에게 말하였다.

"당신이 만일 우트팔라꽃을 얻어 내게 주면 나는 당신의 아내로 있겠지만 얻어 오지 못하면 나는 당신을 떠날 거예요."

그 남편은 이전부터 원앙새 우는 소리 흉내를 잘 내었다.

그래서 궁궐 연못에 들어가 원앙새 우는 소리를 내면서 우트팔라꽃을 훔치고 있었다.

그때 연못을 지키는 사람이 물었다.

"연못 가운데, 거기 누구냐?"

너무 놀란 그는 그만 실수로 이렇게 대답하였다.

"나는 원앙새입니다."

연못 지기는 그를 붙잡아 데리고 왕에게 갔다. 도중에 그는 다시 부드러운 소리로 원앙새 우는 소리를 내었다.

　연못 지기는 말하였다.

　"너는 아까는 내지 않고 지금 원앙새 우는 소리를 내어 무엇 하느냐."

　(百喻經)

없는 물건을 청한 사람

옛날 두 사람이 함께 길을 가다가 어떤 사람이 깨를 실은 수레를 끌고 험한 길을 통과하지 못하는 것을 보았다.

그때 그 수레꾼은 이들에게 말하였다.

"나를 도와 수레를 밀어 험한 길을 벗어나게 해 주시오."

그들은 대답하였다.

"그리 해주면 우리에게 무엇을 주겠소?"

수레꾼은 말하였다.

"없는 물건을 그대들에게 주리다."

두 사람은 그를 도와 수레를 밀고 평지에 나와 수레꾼에게 말하였다.

"우리에게 줄 물건을 가져 오시오."

수레꾼은 대답하였다.

"물건이 없소."

두 사람 중의 한 사람이 다시 말하였다.

"그 없는 물건을 가져오시오."

다른 한 사람이 웃음을 머금고 말하였다.

"저 사람은 우리에게 아무것도 주려 하지 않는다. 그러나 아무 걱정할 것이 없다."

그러나 또 한 사람은 수레꾼에게 말하였다.

"우리에게 없는 물건을 가져 오시오. 반드시 없는 물건이 있을 것이오."

한 사람은 말하였다.

"없는 물건(無物)이라는 이 두 글자를 한데 모으면 그것을 거짓 이름(假名)이라 한다. 세속의 보통 사람들은 만일 없는 물건'이라 하면 곧 아무것도 없는 경례(無所有處)' 라고 안다."

또 한 사람은 말하였다.

"없는 물건이란 바로 없는 모양(無相), 없는 원(無願), 없는 지음(無作)이니라."

(百喩經)

마음이 지옥을 만들기도 하고
천당을 만들기도 한다.

떡 하나 때문에 도둑맞은 부부

옛날 어떤 부부가 떡 세 개를 가지고 서로 나누어 먹고 있었다. 각기 한 개씩 먹고 하나가 남았다. 그래서 서로 약속하였다.

"누구든지 말을 하면 이 떡을 먹을 수 없다."

이렇게 약속하고는 그 떡 하나 때문에 아무도 감히 말을 하지 못하였다.

조금 있다가 도둑이 그 집에 들어왔다. 부부가 있는 것을 본 도둑은 처음에는 놀라서 도망을 치려 하였으나 이들 부부가 아무 말도 하지 않는 것을 보고 그들의 재물을 모두 훔쳤다. 그리고는 남편이 보는 앞에서 그 부인을 겁탈까지 하려 하였다. 그러나 남편은 그것을 보면서도 아무런 말을 하지 않았다.

화가 난 아내가 "도둑이야" 하고 외치면서 남편에게 말하였다.

"이 어리석은 사람아, 어떻게 떡 한 개 때문에 도둑을 보고도 가만히 있을 수 있어요?"

그 남편은 손뼉을 치고 웃으면서 말하였다.

"야, 이제 이 떡은 내 것이다."

세상 사람들은 이 말을 듣고 모두 그들을 비웃었다.

(百喩經)

어리석은 수비둘기

옛날 암, 수 두 마리의 집비둘기가 한 둥우리에 살면서 익은 과실을 가져다 둥우리에 채워 두었다.

그 뒤 과실이 말라 차츰 줄어들어 반 둥우리밖에 남지 않았다.

수컷은 성을 내며 암컷에게 말하였다.

"과실을 모으느라고 얼마나 애를 썼는데 왜 혼자서 먹고 반만 남았느냐?"

암컷이 대답하였다.

"나는 먹지 않았습니다. 과실이 저절로 줄어들었습니다."

그러나 수컷은 믿지 않고 성을 내며 암컷을 보고 말했다.

"네가 혼자 먹지 않았으면 왜 줄어들었겠느냐."

수컷은 곧 주둥이로 암컷을 쪼아 죽였다.

며칠이 지나지 않아 큰비가 내려, 과실은 차츰 불어나 전과 같이 되었다.

수컷은 그것을 보고 비로소 후회하였다.

"그녀가 먹은 것이 아니었는데 내가 망령되이 그녀를 죽였다"고.

수컷은 곧 슬피 울면서 암컷을 불렀다.

"너는 어디로 갔느냐."

(百喩經)

독이 든 환희환(歡喜丸)

옛날에 어떤 여자가 음탕하여 법도가 없었다. 평소 남편에게 불만이 많았던 그녀는 욕정이 왕성해지자 더욱 남편을 미워하여 아예 죽일 기회만 엿보고 있었다. 그러나 갖가지 방법과 갖가지 계책을 다 써 보았지만, 기회를 얻을 수 없었다.

그러던 중 마침 남편이 이웃 나라에 사신으로 가게 되었다. 좋은 기회라 여긴 부인은 독이 든 환희환(歡喜丸:밀가루, 과일, 우유, 꿀 등을 혼합하여 둥글게 만든 음식으로, 주로 제례와 같은 의식 때 공물로 사용함)을 만들어 남편을 해치려고 거짓으로 남편에게 말하였다.

"당신이 지금 멀리 사신으로 가시는데, 혹 배고플 때가 있을까 걱정입니다. 그래서 이 환희환 오백 개를 만들어 당신에게 드립니다. 당신이 이 나라를 떠나 다른 나라로 가시어 배가 고프실 때에는 이것을 드십시오."

남편은 그녀의 말을 믿고 그것을 받아들고 이웃 나라로 갔으나 아직 그것을 먹지 않았다. 밤중이 되어 숲 속에서 자게 된 그는 모진 짐승들이 무서워 나무에 올라가 피해 있었다. 그런데 환희환은 잊어버리고 나무 밑에 두었다.

마침 그 날 밤 오백 명의 도적이 그 나라 왕의 말 오백 마리와 여러 가지 보물을 훔쳐 가지고 오다가 그 나무 밑에서 쉬었다. 너무 빨리 달려왔기 때문에 그들은 모두 배가 고프고 목이 말랐다. 마침 나무 밑에 있는 환희환을 본 그들은 제각기 한 알씩 먹고는 독약의 기운이 거세어 오백 명이 한꺼번에 죽고 말았다.

날이 밝아, 도적 떼들이 모두 나무 밑에 죽어 있는 것을 본 그는, 거짓으로 칼과 화살로 그 시체들을 베기도 하고 찌르기도 하였다. 그리고 그 말들과 보물을 거두어서 그 나라를 향해 달려갔다.

그때 그 나라의 왕이 많은 군사를 거느리고 도적들을 뒤쫓아 왔다. 왕은 도중에서 그를 만났다.

왕은 물었다.

"너는 어떤 사람인가? 그 말은 어디서 얻었는가?"

그는 대답하였다.

"나는 아무 나라 사람입니다. 길에서 도적 떼를 만나 서로 싸우다가 칼로 베고 활로 쏘아 지금 오백 명의 도적 떼가 모두 저 나무 밑에 죽어 있습니다. 그래서 나는 이 말과 보물을 얻어 왕의 나라로 가져가는 중이었습니다. 만일 믿지 못하시겠다면 사람을 보내서 확인해 보십시오."

왕이 신하를 보내어 확인해 보았더니 과연 그 말과 같았다. 왕은 매우 기뻐하면서 처음 보는 일이라며 찬탄하였다. 그리고 나라에 돌아가서는 곧 많은 보물을 주고 또 마을을 하사하였다.

왕의 대신들은 모두 그를 시기하여 왕에게 아뢰었다.

"저 사람은 멀리서 온 사람으로서 아직 믿을 수 없사온데, 왜 갑자기 그처럼 심히 사랑하시고 우대하십니까? 그리고 벼슬이나 상은 저희보다 더 많군요."

그는 그 말을 듣고 이렇게 말하였다.

"누가 용맹스럽고 힘이 센지 나와 시합하려는가? 저 넓은 벌판에 가서 능력을 겨루어 보자."

아무도 그와 시합하려는 자가 나오지 않았다.

얼마 뒤 사나운 사자가 나타나 길을 막고 사람을 죽이므로 왕성으로 가는 길까지 끊어지는 일이 벌어졌다. 그때에 대신들은 서로 의논하여 그를 시험해보고자 하고는 왕에게 아뢰었다.

"멀리서 온 사람은 스스로 용맹스럽고 힘이 세어 아무도 대적할 이가 없다고 합니다. 지금 만일 저 사자를 죽여 나라의 화를 없앤다면 그것은 참으로 장하고 놀라운 일이 아닐 수 없습니다."

대신들의 말을 들은 왕은 칼과 몽둥이를 그에게 주어 사자를 처리할 것을 명하였다.

왕의 명령을 받은 그는 굳은 마음을 먹고 사자에게로 향해 갔다. 사자는 그를 보고 위협하는 듯이 포효를 하며 뛰어나왔다. 위풍당당한 사자의 모습을 본 그는 크게 당황하여 곧 나무 위로 올라갔다. 그러자 사자는 입을 벌리고 머리를 치켜들어 나무를 올려다보고 있었다. 그는 무섭고 급한 나머지 잡았던 칼을 떨어뜨렸다. 마침 그 칼은 사자 목을 찔러 사자는 이내 죽고 말았다.

그는 기뻐하며 왕에게 가서 아뢰었고, 왕은 그를 더욱 사랑하고 우대하였다.

그리고 그 나라 사람들도 절대 그를 시기하지 않고 그를 인정하고 공경하며 모두 그를 찬탄하였다.

(百喻經)

산사에서 들려주는 불교우화

2015년 06월 5일 1판 1쇄 인쇄
2015년 06월 10일 1판 1쇄 펴냄

지은이 | 차평일
기 획 | 김민호
사 진 | 김정재

발행인 | 김정재

펴낸곳 | 뜻이있는사람들
등록 | 제 2014-000229호
주소 | 서울 마포구 독막로 10(합정동) 성지빌딩 616호
전화 | (02) 3141-6147
팩스 | (02) 3141-6148
이메일 | naraeyearim@naver.com

ISBN 978 –89 –90629-26-5 03220